決定版!

ゲッターズ飯田の

ボーダーを着る女は、95%モテない!

人気No.1占い師が見抜いた
行動と性格の法則 224

マガジンハウス

まえがき

僕の占いイベントや紹介で占いに来る女性で、

「30年以上恋人がいません」

「一度も抱かれた事がありません」

「年齢=恋人いない歴」

と相談に来る女性の服装が90%の確率でボーダーだった。

一番最初に気が付いたのは僕ではなくイベント先の店員さん。

「今日ボーダー多いですね～」

そんなことを耳にした。

数日後の別の場所でも「ボーダー多いね」

その後知り合いも「今日はなんかボーダーの日みたい」

うん？　どこかで聞いた。

もしかして、そこから占いをする女性で恋愛相談の女性の服装を意識した。

これを読んでどう思うか自由です。

「偶然、たまたま」そう思うか「データ、統計、マーケティング」だと思うか。

そして「恋人いない歴=年齢」の女性に、

「ボーダー着るのやめてください」

とアドバイスをすると二週間後に恋人ができた。

しばらく恋から遠のいていた人でも「恋人ができた、結婚ができた」と報告が来た。

ちなみにうちの嫁も僕と付き合う前にすべてのボーダーを捨てて僕と付き合って結婚もした。

「恋人が一度も切れたことがない子」に聞いてみた。

「ボーダー何着持ってます？」

その答えが、

「ボーダーを可愛いと思ったことがないから一着も持ってない」

★

このたびは、『ボーダーを着る女は、95％モテない！』と『チョココロネが好きな女は、95％エロい！』を決定版として一冊にまとめて出させていただくことになりました。五星三心占いの経験から割り出した男と女の行動心理学を、じっくりお楽しみいただけると幸いです。

ゲッターズ飯田

恋愛・男性編

性格・性質・好み編 …… 087

身体的特徴・体質編 …… 171

恋愛・女性編

- 恋愛・男性編
- 恋愛・ユニセックス編
- 性格・性質・好み編
- 身体的特徴・体質編

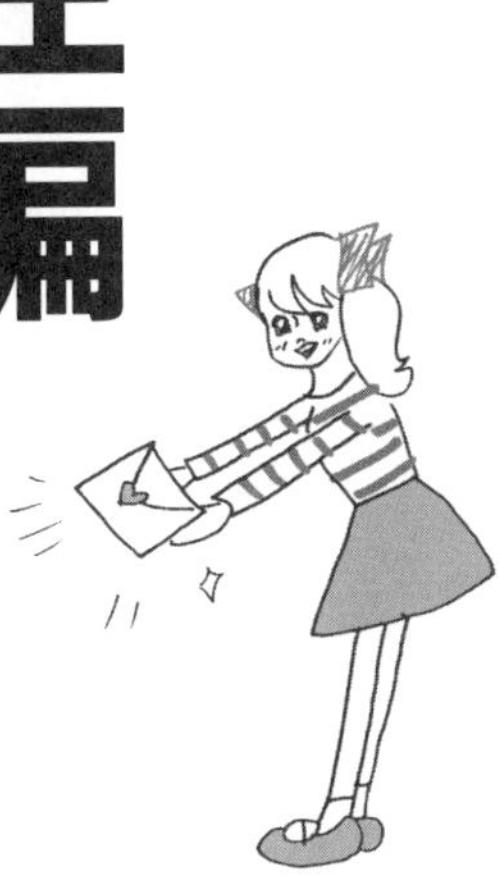

1 ボーダーを着る女は、モテない。

破棄して彼氏ができた女性続出。
モデルのような美女以外は着ないでください。

Check!

恋に悩んで相談に来る女性がやたらボーダーを着ているというデータから判明。男性に「ボーダー着る女性をどう思うか」と尋ねると「どうでもいい」という証言多数。ボーダー柄は色気を削ぐのかもしれません。

2

おにぎり好きな女は、彼氏に浮気される。

ご飯好きな女性は無意識的に安定志向で、男性に支配されやすい傾向があります。

Check!

「ご飯を食べないと安心できない」という人は男女を問わず安定志向で、恋人と付き合いだすとすぐにマンネリに陥りやすい。真面目に尽くすので相手が図に乗って浮気をするというケースが多いようです。

3 チョコロネが好きな女は、Hが大好き。

米は自分の感情を抑え込み、パンは解放していく。

チョコレートは、まずエロくなれるNo.1の食べ物。どんな人もチョコを食べ続ければエロくなれます。また、パンは感情的になりやすく、それを内側にため込みません、米を食べると、自分を抑えることができるようになるのですが、パンは自分を押し出していくのです。チョコのエロさとパンの感情が結びついた人たちはエッチが大好きになるのです。

ゲッターズ飯田のひとこと

どんな人でもチョコレートを食べると運気が少しアップする。チョコはとても不思議な食べ物です。

4

紫色の下着をつける女は二重人格で、本心と裏腹に男を遠ざける。

紫は人格を隠す色。身につける距離が肌に近いほど色の影響を受けるようです。

Check!

何色の下着をつけるのかはとても重要。体に近いものほど色の影響を受けるのです。最も男性を遠ざけてしまう色が紫。この色は人格を隠すか、二重人格にしてしまう。ただし芸術系の仕事をしている人だけは◎。

5 ハイソックスを履きたがる女は顔立ちのはっきりした男が好き。

自分の脚にこだわりがある人は、他人の脚やおしりもしっかり見ています。

足元、特に自分の膝のきれいさにこだわる人は、他人の脚やおしりのきれいさにもこだわっています。いわゆる脚フェチ、おしりフェチ。こういう女性は顔の濃い男性が好き。またスニーカーを履きたがる女性は逆に薄い顔の男性を好きになりがちです。

ゲッターズ飯田のひとこと

恋にはストレートなタイプですが、空回りしやすいのが難点。焦らずじっくり攻めることと、少し待つことを覚えるとモテるでしょう。

6

クッキー好きな女は、Hもおざなりでパサパサしている。

パサパサしたものが好きな人は、舐めたり舐められたりするのが苦手らしい。

Check!

口の中の水分を奪われる食べ物が好きな女性はセックスがワンパターンで男性側の不満がたまる傾向があります。パサパサした食感が好きというのは舐めたり舐められたりが嫌いということにつながるのです。

7 なんでも白を好む女は、恋人を一生ものにしたがる。

白は潔癖な守りの色。真面目だけれど相手を重たい気分にさせていることも。

白という色は潔癖で守りの色なので、あまり全身を白ずくめにすると、人を遠ざけます。なんでも白を好む人、特に着たがる人は真面目なのですが、恋愛が一筋すぎて重たいのが特徴。自分が一番でいたがり、恋をするたびにすぐ結婚をちらつかせて相手を重たい気分にさせたりもします。相手が浮気のつもりでも本気になってしまい、かえって遊ばれてしまうことも。白いものばかり食べているとさらに一途になるので、いろんなものを食べましょう。

ゲッターズ飯田のひとこと

真面目なことは人として素敵なことですが、真面目すぎるのは不器用な生き方。損をすることも多いので、適度に肩の力を抜きましょう。

8

新商品好きな女は変わった男を好きになる。

「子ども」の星を持っている人は新商品好き。「不思議」にひかれます。

Check!

人は自分の生まれた日のいろんな星を持っています。「子ども」の感性の星を持っている人は新商品好きな人が多い。不思議なもの、未知なものにひかれる。つまり変わった人なだけなのに「好き」と思ってしまう。

9

和菓子好きな女はダメな男をつかみやすい。

「和菓子なら食べていい」の思い込み同様、男の本性を美化しているのでは。

Check!

ダメな男にいくタイプの女子はまず人の話を聞かず、頑固だという共通の特徴があります。「ダイエット中でもあんこは食べてもいい」と信じるタイプとなぜかかぶる。手土産に和菓子を選びがちな人は要注意です。

10 カラオケで場を盛り上げられる女はあげまんである。

家庭という場も盛り上げるサービス精神が。チョコを食べればさらに運気上昇。

歌のうまい下手ではなく、振り付けを完璧に覚えているとか、ものまねで笑わせるとか、カラオケの場で完全に盛り上げる女性は、人を喜ばせることが自然にできる人。結婚しても場の盛り上げに尽力してあげまんになります。音感がよくものまねができる星が連動している人はサービス精神が旺盛で、あげまんの星とも連動しているのです。チョコレートを食べて踊りながら歌うとさらに運気が上がり、胸も大きくなります。ただし、太りやすいかも。

ゲッターズ飯田のひとこと

あげまんはサービス精神の塊のような女性です。常に笑顔で周囲を明るくさせてくれる人になれば、誰にでもチャンスはあります。

11

ハンカチに凝る女は友達どまり。

こだわりの方向性が間違っている可能性があります。

Check!

四角い物にこだわる人は気持ちが男性っぽい人が多く、異性とは良い関係が作れますが、その先に踏み込めないケースが多いようです。恋愛というよりは、身近な友達のような男性と結婚しやすいかもしれません。

12

ケータイをころころ替える女は浮気性。

長く付き合っている彼氏に対しても愛着という感覚が湧かないのです。

Check!

新機種が出るたびにケータイを替えたくなる女性は、メディアからの情報に振り回されがちで一人の男性では満足できず、新鮮な男性が現れると浮気する可能性が。飲み物でココアが好きだと、さらにやばいです。

13 流行を2~3年早くつかむ女は少年っぽい男が好き。

恋愛は楽な人が一番。気さくで居心地のいい人を選びましょう。

「これが好きだから」と着ている洋服が、2~3年後に世の中の流行になっていることがある女性は、気さくで居心地のいい、マメな人に弱い傾向があります。なついてくれて数年後にはいい男になるかも、というような少年っぽい男性にはぞっこんでしょう。今流行しているようなタイプの男性にはまったく興味がなく、最先端のファッションをしていたり、いけてるといわれている場所に住んでいたりしても、内心小バカにしています。

ゲッターズ飯田のひとこと

ブランド品が好きな場合はできるだけ少なめにしたほうがよいでしょう。バッグなどブランド品の持ち物が多いほど男性が引く原因にもなります。

14 ゴージャスなジュエリーをがつんとつけている女は肉食系。

本物をつける女ほど肉食系。自分から追うクセに告白はしません。

Check!

値段の高そうな大ぶりのジュエリーを身につけている女性は自我が強く、追われるよりも自分から追いかけたい恋のハンターです。小ぶりなアクセサリーをいっぱいつける女性はペラい男性にひっかかりやすい。

15

フリル、レースの女は、お見合い結婚する。

「みんなが推してるな」と、空気を読んで結婚してしまうのです。

ひらひらしたフリルやレースの服が大好きな女性は、恋愛や結婚にも品格や段取りを重要視します。お見合いを周囲が勧めると断りきれず、空気を読んで結婚してしまうことがあります。こういう女性は恋愛中の男性に対しても礼儀を重んじ、「いただきます、と言えない彼が嫌いになった」「魚の食べ方が汚い」「爪楊枝をちゃんと使えない」などという理由で別れてしまうこともあります。それほどの理由かどうか、誰かの意見を聞いてみましょう。

ゲッターズ飯田のひとこと

ルールやマナーにしっかりするのはよいですが、交際が始まってもハプニングに弱く、面白味に欠けることが。こうでなきゃ、は捨てましょう。

16

スニーカーしか履かない女は、Hがワンパターン。

「楽だから」「体にいいから」信仰は、なぜかセックスを遠ざける。

Check!

スニーカーしか履かない女性はセックスに対して受け身で保守的な傾向があります。そのことに技巧を凝らすという発想もありません。「セックスはスポーツ」と言い切るような男性とはうまくいくでしょう。

17 空気の読めない女は玉の輿に乗る。

ここは「職場だから」なんて空気を読んだら負け。ぐいぐい押したもん勝ちです。

Check!

お金持ちの男性は仕事に必死だったり、騙されてはいけないと引っ込み思案だったりするもの。そんな男性はぐいぐい押す強気な女性にかっさらわれるんです。モテる女性はほぼ100%、あえて空気を読みません。

18

ファンデーションをつけない女は、身近な男にいく。

身近に男性がいない場合はまったくモテないので気をつけましょう。

Check!

肌のトラブルが特にないのに化粧が苦手だったり、ファンデーションをつけると息苦しいとか言う女性は気さくで、身近な男性と恋愛します。すっぴんでも気にしない男性が身近にいない場合は恋愛に縁遠くなる危険が。

19 ライブ好きの女は逆ナンする。

ライブで盛り上がるくらいのテンションの恋愛を求める刺激追求者。

Check!

音楽などのライブが大好きな女性は、生活と違う刺激を好む人が多く、恋愛にも変化や刺激を求めています。普段おとなしそうでもいったん手に入れようとするとどんな犠牲をも払うので、逆ナンすることも多いです。

20

友達がいない人ほど玉の輿に乗る。

玉の輿に乗ろうとしていないのに、気がついたら乗っていたパターンが多い。

Check!

玉の輿に乗る星がある人は人間関係が苦手という星を同時に持っていることが多いのです。恋は不得手で仕事に熱中している場合もあり、それまでの頑張りが評価されてのお見合いや紹介で結婚することも。

21

おっぱいが小さい女は、ひと目惚れしやすい。

おっぱいにはその人の性質がすべて表れています。おそるべし、おっぱい。

Check!

おっぱいが大きい、いわゆる巨乳の人は情に流されやすくあまり勉強が好きではないようです。対しておっぱいの小さい人は知性的ですが瞬発的な感情が強い人が多い。だからひと目惚れしやすいのです。

22

男友達が多い女性は、早婚か晩婚かの両極端。

20代前半の婚期を逃したら、しばらく婚期がないので焦らず楽しみましょう。

Check!

若い頃から男友達が多い女性は負けず嫌いで頑張り屋が多く、仕事人間になって20代前半の婚期を逃す可能性が高いのです。学生時代からの付き合いが継続する場合は20代前半の婚期に乗れる場合もあります。

23

お金持ちと結婚しやすい女性は、不倫もしやすい。

金運と不倫運は連動していることが多いという、困った事実があります。

Check!

お金が好きな女性は、仕事で成功していたり経済的にゆとりのある男性に弱く、でも彼らは若くして結婚していることが多いので自然と不倫に。が、お金がすべての女性は不倫をなんとも思っていないのかも。

24

はやりのものを好きな女は、男に浮気されにくい。

新しいものより、はやりものかどうかが肝心。観察眼の鋭さで男の浮気をシャットアウト。

Check!

流行に敏感ではやりを追いかけるのが大好きな女性は、観察眼の鋭さ、段取りの良さという星を同時に持っていることが多いのです。彼氏の動向を素早くキャッチし、浮気の芽を自然に摘んでしまえるのです。

25

麺類好きの女は、男の押しに弱い。

つるっと喉越しよく食べて満腹できるあの感じが恋愛にも大事らしいのです。

Check!

麺類好きの女性の多くはまずせっかちだという共通点があり、早く結論を出したいがために押されると「まいっか」と思うようです。僕の占いでは「押しに弱い」星と「麺類が好き」な星がなぜかリンクしています。

26
割り勘が精神的に楽な女はパートナーに浮気されやすい。

「こいつは逃げないから」と安心され、浮気されてしまう損な人です。

男性と常に対等だという意識があり、やたらとおごってもらうのは心苦しいとか、かえって支配されているような気がしてしまう女性は、恋が始まると尽くしすぎて損をする傾向があります。こういう女性はいい人すぎて男性に雑な扱いを受けてしまいがちなのです。結果的に恋人にも「こいつは逃げないから」と浮気されてしまうことも多々あります。特に若い頃はおごられ上手でOK。どんなに好きでも、男性は甘やかしすぎないのが一番です。

ゲッターズ飯田のひとこと

割り勘好きは常に一生の相手を探している生真面目さもあります。重いのは自分自身の心なのかもしれませんね。

27 ワインや日本酒にこだわる女は、男を選びすぎて恋愛に臆病になる。

恋愛にも条件やテイストなど、うるさいことを言い始めてキリがないのでは。

Check!

「ピノノワールは……」「これは純米の山田錦？」などとワインや日本酒にこだわる女性は男に対しても育ちや仕事、二人の出会いの経緯など見極めすぎて恋に飛び込めない。同じタイプの男性はマザコンが多い。

28

「わかんないけど」から意見を言う女は、玉の輿に乗る。

ネガティブな考えをポジティブにもっていけた瞬間、あげまんになれます。

とりあえずネガティブな発想から始める人が、ポジティブに考えられるようになった瞬間に、周囲の人をぐーんと上げる力をもっているのです。恋愛でも、自分のネガティブさをポジティブさに変換させることができたときに、あげまんになります。もともとネガティブな人は守りが堅いので、経済的に安定した人を見抜く力も大きいのかもしれません。

ゲッターズ飯田のひとこと

昔の恋を引きずりすぎてしまう場合があるので「過去は過去、今は今、未来は未来」と割り切ると恋も上手になります。

29 レモン味のアメ、ガムが好きな女は恋が長続きしない。

シュワッ、すっぱーい、と喜ぶ人は恋愛にも刺激しか求めていないことが多い。

Check!

柑橘系のレモンやグレープフルーツ味が大好きな人は基本的に刺激好き。恋愛にも刺激を求めるので、結局は長続きしない可能性が高いようです。食事のときの水に「ガス入り」を頼む人も同じ傾向があります。

30

スリムな服装を心がけている女はマッチョな男が好き。

なおかつモノトーンしか着ない場合は、ドラマティックな演出に弱し。

もともと太っていないのにより細く見えるようなファッションを心がけている女性は理屈や理論が好き。男性の好みは、骨太で筋肉がちゃんとついている根が頑固なタイプ。また細身なファッションを好む男性の場合は、女性は華奢であることが前提で、ちょっとでも太った女性は相手にしません。さらにモノトーンしか着ない場合は、ドラマティックな演出を好み、突然花束を渡すなどの行為も当たり前のように照れずにやってのけてしまいます。

ゲッターズ飯田のひとこと

しっかりしているようで異性に騙されてしまったり、遊ばれてしまうことも多いタイプ。女性は特に遊び人の男には気をつけてください。

31 モノトーンの服しか着ない女は、デブの男が嫌い。

モノトーン好きはスマートさやクールさを求める。そしてそんな自分が大好き。

Check!

恋愛対象を選ぶとき、自分と正反対な相手を求める場合と自分に似た相手を求める場合がありますが、モノトーン好きは後者。ナルシスティックで、カップルでかっこよく見られたい傾向が。よってデブは嫌い。

32

ボーイッシュな服装をしている女は友達の延長線上で恋に落ちる。

外からは色気が見えないのですが、セフレがいてびっくりすることもあります。

心に少年っぽいところがあり、外見もスカートを穿かず、いつもパンツスタイルで男性が着るような服を選ぶ女性は、男性に対して対等に付き合いたいという願望をもっています。また恋愛をしていても楽であることを望むので、「いつのまにか付き合っていた」ということがあります。友達の延長線上で恋が生まれるので、昔の恋人と縁が切れづらい星ももっています。外側では色気が見えないのですが、割り切りがあるのでセフレがいることも。

ゲッターズ飯田のひとこと

サッパリとした外見でサッパリとした恋愛、エッチもサッパリしているのに、昔の恋人とは妙にズルズル。過去ともサッパリ別れましょう。

33

カレー味のせんべいが好きな女は本音は3カ月で恋を終わらせたい。

刺激。子どもっぽい食べ物。実は「飽きたい」証しなのです。

カレーのような辛いもの、刺激物が好きな人は飽きっぽく、和菓子好きも同じような傾向があります。またカレーやハンバーグ、ラーメンは子どもっぽい食べ物でもあります。子どもも飽きっぽいですよね。「飽きる」ための複数の要素が掛け合わされているカレー味のせんべいは最強に「飽きっぽくなる」食べ物。恋愛でも、一番盛り上がる3カ月くらいでまた次を求めたくなるのです。別れたい男がいたらカレーせんべいを食べさせるのも効果があります。

ゲッターズ飯田のひとこと

食事の偏りや子どもっぽい食べ物が好きな人は、変な人が多いです。ただ才能がある人に多いのも事実。いわゆる紙一重の人です。

34

外資系の会社にこだわる女は浮気されても平気。

男性に対して根っから対等感覚がある女性。自分も浮気する可能性が。

外資系の会社でないと勤めたくないという女性は、人に服従するのも人を服従させるのも大嫌い。大胆で大ざっぱ、芯の強い女性です。こういう女性は男性の浮気に対して寛容で「帰ってきてくれたらいいわ」とケロッとしています。ただし、男性と対等なので自分自身が浮気することも平気です。

ゲッターズ飯田のひとこと

向上心や野心のある女性は、浮気をされてもダメージは少ない。「男なら浮気の一つや二つくらいしないと!」と言う豪傑妻になります。

35

靴をたくさん持っている人は結婚しづらい。

つま先までファッションに気を使う完璧主義が「結婚」には向かないのでは。

Check!

ファッションにこだわる女性には「靴からコーディネートを考える」という人がいますが、どうもパートナーにも完璧を求めがちな人が多い。選びすぎ、考えすぎで結婚しづらいタイプ多し。また離婚率も高いです。

36

「私は〜」と自分話ばかりする女は、一夜の恋に落ちやすい。

「自分好き」な人は褒めれば意外と簡単に、こちらを好きになってくれます。

Check!

「私は〜」とすぐに言う女性は自分好きで我が強い。そのため、「あなたが最高」と男性が言ったときに一番信じやすい。だから案外お願いすれば即落ちる。男性の収入もしっかりチェックしているタイプ。

37 ピンクの服ばかり着る女はちやほやしてくれる男に弱い。

優柔不断でおだてに弱い色。「一目惚れなんだよね」で落ちます。

ピンクという色は風水では恋愛運のアップに絶対にいい色だと言われていますが、そうとも言い切れません。実は恋愛運が良くなるのではなく、優柔不断な色なのです。だからピンク色の服を着ている女性を落としたかったら、ちやほやしておだてればOKなのです。陽気に「あなたが好きです」「一目惚れなんだよね」と言うと、落ちます。口説いてもらいやすいし、口説きやすい色でしょう。でも女性から男性に「好き」とは言わないでくださいね。

ゲッターズ飯田のひとこと

自分の好きな色が男性も同じなら相性が良い可能性が高い。「好きな色は何？」と聞いてみるとよいでしょう。

38

乳製品が好きな女は、浮気されやすい。

男性の「化粧しなくてもきれいだよ」という言葉を信じてはいけません。

ヨーグルト、ソフトクリームなどの乳製品、もっと言えば白い食べ物が好きな女性は真面目で男性に尽くすタイプ。男性は尽くされると安心して浮気するのです。女性も「こんなに尽くしているんだから大丈夫だろう」と油断しがち。こういう女性は「メイクしなくてもいいよ」と男性が言う言葉を真に受けて「そっかスッピンでいいんだ」と化粧するのをやめてしまいますが、それも間違い。いつもきれいでいて男性を安心させないでください。

ゲッターズ飯田のひとこと

幸せな状態というものは不安定で、常に美しくいることで恋人は「誰かに取られるかも」と不安になるのです。安定は不安の始まり。

39

朝は和食と決めている女は、男を見極められない。

もともと和食にこだわる人は、男女とも優柔不断で判断力がなさそうです。

朝は絶対に和食しか食べないという女性は、昔気質で変化が嫌いです。また「男ってこうだから」という固定観念が強いようです。もともと和食にこだわる人は男女とも、優柔不断で判断力がない傾向があります。悪友やヘンな友達とずるずる付き合うこともあります。ただ、婚活では資産家や長男と縁ができやすいという面もあります。日本人は基本的には和食なので、家のシステムや理屈に従順になります。

ゲッターズ飯田のひとこと

食へのこだわりは、性格に特徴をつけます。好き嫌いのない人は温和で人の気持ちがわかるようになるので、偏食を直すのも大事なことです。

恋愛・男性編

恋愛・女性編

恋愛・ユニセックス編

性格・性質・好み編

身体的特徴・体質編

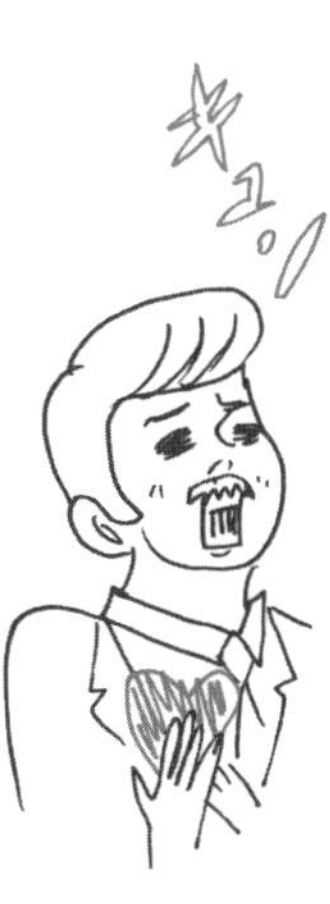

40

友達の少ない男は、告白したらすぐ落ちる。

マイナス思考で人との交流が苦手な男性は、女性の告白に条件反射的に落ちます。

Check!

友達が少ない男性は基本的に受け身で人から関わってくるのを待つ傾向が。女性に対しても同様で、告白してくれたことにいたく愛を感じます。少ない友達と長く付き合う男性は女性に対しても浮気はしないのです。

41

がらくたを集める男はHがうまい。

収集家ではなく、ジャンキーながらくたが自然に集まっている男にテクあり。

Check!

ムダな物やがらくたを集める人は多趣味多才の星を持つことが多く、あれこれ興味があってあれこれ試したくなるので自然にテクニックが身につく。部屋に物がない男性は最初しか盛り上がらない可能性が。

42

胸の奥に出世願望をひた隠す男はダメな女にはまる。

捨て鉢になったり情けないことができる性格を「すごい」と思えるのです。

本当はものすごく出世したいのに、それを職場では絶対に明かさず、飲みに行っても無口な男性は「どうせ私なんか」と言うような欲もなく努力もしない女にはまります。捨て鉢になったり情けないことができる性格、それを人に見せても平気な無神経さを妙に「すごい」と思ってしまうのです。キャバクラでもあまり指名がかからない女や、社内で「なんかよくわからないけど、暗いね」という女性に心底ひかれてしまったりすることもあるようです。

ゲッターズ飯田のひとこと

出世願望が強い人は刺激的な恋にはまりやすく、頭では危険だとわかっていても飛び込んでしまう場合が。どこかで自分を試しているのかも。

43 よくしゃべる男はデブが嫌い。

ひと言多い男は知的で機敏な女性を求めます。実はロマンティスト。

Check!

余計なひと言を言ったりおしゃべりな男性は、知的でスマートな女性を好みます。頭の回転が速く、動きも機敏な女性に恋心を抱きやすい。いろいろと攻撃的な発言をしても、実はロマンティストでムードに弱い。

44

神社仏閣が好きな男はセックスレス&年上好き。

年下の男性に目をつけたら「神社仏閣が好き?」と聞いてみましょう。

Check!

神社仏閣が好きな男性は知的好奇心のレベルが高く、物づくりやデータ管理などに突出した才能を現しますが、セックスに興味が薄い。甘やかしてくれる年上女性の母性にひかれます。蕎麦好きならさらにその傾向(強)。

45

一番お得な日替わり定食を食べる男は、告白されると好きになる。

真面目で淡々と生きている男には、なれなれしい態度も意外にウケることが。

Check!

勧められたものを当たり前に受け取って喜ぶ素直な男性は、浮気性でもなく結婚に向くタイプ。こういう男性は女性から告白されるだけで好きになってしまいます。さりげないボディタッチでも勘違いしてくれます。

恋愛・男性編

46

初デートでいきなり美術館に行く男は、マザコン。

「なんで?」という口癖がプラスされていればマザコン率100%。

Check!

初めてのデートで女性に何の相談もなく美術館に連れていく男性は芸術系の才能があるタイプですが、完璧主義。しかも理想の女性を母親だと思っていることが多く、マザコンである可能性がかなり高いのです。

47

ボロボロになった古いケータイを持っている男は、ストーカーになる。

一途な思いと怖い執着心は紙一重。豹変させるか否か、あとは女性の対応次第です。

Check!

一度手に入れた物を長く使う男性は真面目で一途なのですが、思い込みが激しく、好きになるとその気持ちが執着心になってしまいがち。気持ちを相手に押し付けたり、ストーカー的な行為にも走りやすい。

48

サッカー好きは脚フェチ、お尻フェチ。

「学生時代、サッカー部だったんだ」と言われたら脚磨きを始めましょう。

Check!

サッカーが好きで、特に学生時代などに実際プレーをしていた男性は「俺の脚、太いだろ」と筋肉自慢をする癖があり、その際、必ず女性の脚や足首、ヒップラインをチェックしています。好きな形があるのです。

49

夏に失恋する人は復縁したがる。

テンションが高いときの恋愛は美しい残像を残すものなのです。

Check!

夏場のテンションが高い時期に毎回失恋するという人は、良い思い出のままの残像が残ってしまうので、そこに戻りたいと願うようです。占いでも、夏に失恋するタイプは過去の思い出を引きずると出ています。

50 B級グルメな男は不倫する。

「あそこのラーメン、うまいんだよね」という言葉が不倫地獄の入り口かも。

Check!

不倫とお金と情報量は連動しています。お金があれば男性は不倫しやすい。でももともと浮気性の場合、女性とたくさん会うには食事代を安くあげなくてはなりませんから、B級グルメに自然と詳しくなっています。

51

派手な車に乗っている男はエッチが下手。

車の所有のしかたは、恋愛における女性との付き合い方と同じです。

おしゃれな車ではなく、とにかく派手で目立つ車に乗りたがる男はエッチが下手です。車はその持ち主の男性のキャラクターを表していることが多く、車に遊びの要素がある人のほうが遊びは遊びと割り切っています。また何台ももっているというような収集癖のある男もエッチはうまくありません。いちゃいちゃするのは好きだけど、エッチはあまりしないという人が多いようです。またエコカーに乗る人は長男が多く、浮気が本気になるような変な真面目さがあります。

ゲッターズ飯田のひとこと

「どんな車に乗っている」「どんな車が欲しい」かは、「どんな彼女が欲しい」と一緒。

52

おしゃべりな男は、押しても落ちない。

よくしゃべる男と惰性で一緒にいる人は早く関係性を問いただしましょう。

Check!

おしゃべりな男性は第一印象で恋の相手を決めていて、タイプではない女性がどんなに頑張っても恋人にはなれません。「おしゃべりな男だな」と気づいたら率直に自分との関係性を聞くこと。ポロッと本音を言います。

53

おしゃれな男は落としづらい。

基本、おしゃれな男は、向こうから来ない限り頑張り損になります。

Check!

男性の多くはそれほどファッションに興味がありません。その中でおしゃれで自意識過剰なタイプは自分の理想とよほどぴったりでない限り本気の恋はしません。その場限りでよいと割り切ると、話は別なようですが。

54

マザコンな男はエロくない。

Hのことはどうでもいいと思うなら、マザコンも悪くはありません。

Check!

マザコンだとはっきりわかる男性は、基本的にセックスというものにあまり興味がなく、自分が抱きしめられて甘えられたら満足。仕事や趣味など他に没頭できるものがある場合は、さらにその傾向が強くなります。

55

芸術家タイプ、職人気質の男性は、耳元でささやけば落ちる。

「今度、食事しませんか」程度のことを、わざわざ耳元でささやきましょう。

Check!

芸術家タイプや職人気質の人は耳が性感帯であることが多いんです。だから女性に耳元でささやかれると急に優しくなったりするかも。普通にセックスして「イケない」という場合も耳を攻めるのがお勧め。

56

最初の1〜2回を頑張る人は、急にしなくなる。

「最初がよかったな」と思っても気を緩めず、少しイメチェンして会いましょう。

Check!

セックスは回数を重ねてよくなるタイプと、最初の1〜2回がよいタイプがいます。最初によいタイプは3回目にさらに上を目指しますが、女性がついて来ないと急に冷めることが。変化を感じると逆に燃えるかも。

恋愛・男性編

57

理屈好きな男性には距離感が必要。

「おはよう」はいいけど、「今どこで何してるの?」というメールはご法度です。

Check!

物事の道理や屁理屈をやたらと唱える男性は、自分は束縛されるのが大嫌い。自分の時間を邪魔する異性が苦手です。「今どこで何してるの?」という女性からのメールは絶対にうざいと思っています。

58

子どもっぽい男は、色気のない女にはまりやすい。

少年のような男性にはさっぱりと少女っぽく接してみるとよい。

Check!

外見は大人でも話してみると「高校生みたい」と感じる少年っぽい男性は、学生時代に好きだったタイプをいまだに引きずっている場合が多く、素顔に近い感じの色気のない女性を好きになることが多いようです。

59

おなかがすくと機嫌が悪くなる男はデブ専。

食欲にも性欲にも素直で、見た目にもボリューム感を求めているようです。

Check!

おなかがすいたことが周囲にばれやすい男性や空腹になると何も考えられなくなる男性は、巨乳やぽっちゃり系の女性が好きという人が多く、欲望に素直。ただ、対象の女性に愛嬌がない場合は嫌いになるようです。

恋愛・男性編

60

小銭が好きな男は黒髪白肌の地味な女が好き。

基本、真面目な人。一緒につつましく生きていける女性を理想としています。

「小銭が好き」ってどういう意味ですか、とよく聞かれるのですが、10円、20円でも得をするのが好きという意味です。また割引クーポンとか「お買い得」という言葉にとてもひかれます。こういう人は逆に数千万円とか大きな単位になると自分を失くしてしまいます。男性なら現実的で和の感じのある女性が好き。基本的に真面目で自転車通勤なども大好きなので、一緒につつましい家庭を築くことを理想としているのではないでしょうか。

ゲッターズ飯田のひとこと

デートで割り勘をしたり、安い店の情報をやたらと知っている人も地味な女性を好きになります。盛り上がりに欠けるとぼやかないように。

61 スーツをめったにクリーニングしない男は、女上司を好きになる。

基本、甘えん坊な男です。せめてうどん好きを選んで将来性を信じましょう。

生活が雑で不器用、衛生面を気にしない人は基本的に甘えん坊です。めったにクリーニングしない男性もそうですし、よれよれのスーツを着た男性もそう。特にうどんが好きなら女上司を好きになりますし、蕎麦が好きならいつまでも母親に、パスタが好きならキャリアウーマンみたいな人を好きになります。要するに仕切ってほしいのです。こういう男性に好かれたら、できればうどん好きを選びましょう。出世したり社長になる可能性があります。

ゲッターズ飯田のひとこと

恋にはせっかちなタイプで、ストレートで積極的。「付き合いたいんですが、どうでしょう」と聞いてきます。不器用さを可愛さと思えたら。

62

デニムをなかなか洗わない男はストーカーになりやすい。

固定観念が強すぎるタイプと、コレクター・タイプは少し違います。

これは61の衛生面にこだわらないタイプとは違い「デニムは洗わないものである」という固定観念をもった男性のことです。こういう人は「この人のここが好きで、ここしか愛せない」という愛し方をするのでふられても心を変えづらくなるのです。またコレクター気質があって洗わない人はただの理屈っぽい人ですが、しゃべりが下手という要素が加わると、ストーカー気質になります。無口になることで感情が裏側にたまりすぎるのでしょう。

ゲッターズ飯田のひとこと

ファッションに興味がない男性のほうが浮気率は低いので、結婚するにはいいかもしれません。もともと恋のチャンスも少ない人です。

63

秋にモテる人は、知らず知らず、財産目当ての下心がある。

そんなことない、と思っても相手がへそくりや財産を持っているかも。

Check!

秋に運気が上がる人は恋愛運も当然上がる。今財産がない男性の場合は、無意識のうちに〝逆玉〟を狙ったり財産のある人を求める傾向があります。意識的にお金目当てな場合だけではないのです。

64

夜明かししてまで飲むことが多い男はショートカットの女にぞっこんになる。

こういう男性は夜運気型。人によって一日の中で運気の上がる時間帯があります。

人によって一日の中で最強の運気になる時間帯というのがあります。朝や昼よりも夜に強いという星をもっている人は、酒を飲んでいる時間がついつい長くなりがちです。またこういう男性はショートカットで性格が男っぽい女性、この男性と思ったら「押し切る」タイプの女性に弱い傾向があるのです。ただし、おしゃれな場所で飲みたがる男は髪の長い女が好きです。

ゲッターズ飯田のひとこと

夜になると元気になったり、自然に夜型になる人は、一人が好きでおしゃべり下手が多い。恋は第一印象で決めてしまいがちです。

恋愛・ユニセックス編

65

襟にぴちっとアイロンをかけたシャツを好む人はエッチのときだけ、どS。

ぴちっとした襟元は自分へのタガ。外したときに驚くべき本性が出ます。

外見を完璧にきれいにしすぎる人というのは何かを隠しているか、人に踏み込まれたくない壁があります。襟のあるシャツばかり着て、しかもぴちっとアイロンがかかっている服装の人は、普段は上司や目上の人の言うことを忠実に聞き、真面目で礼儀正しく、時間に正確。「Mっぽい？」と思えるほどに自分を殺していますが、エッチでいったんタガが外れると、人が変わったようにSになります。ベッドのシーツが異様にピシッとしている人も同じような傾向があります。

ゲッターズ飯田のひとこと

浮気率の低い人は、何かと要求には応えてくれる相手です。挨拶やマナーにもうるさいので日頃の貸し借りはきちんとしておきましょう。

66

ストーカーにせんべいを食べさせるとますますストーカー気質になる。

美術、芸術、神社仏閣など、どこまでも追求できるものにはまらせて危険回避。

根が頑固で理論気質のある人がストーカーになりやすいようです。こういう人は美術、芸術、神社仏閣などにはまらせると、そこに注意がいき、意外と異性には興味を示さなくなるようです。食べ物では和食、特に蕎麦やお茶漬けなどするする、さらさらというものを食べさせると本来の気質が弱まります。固いものを食べさせるとさらに執着や頑固さが強まるので、せんべいやドイツパンなどを食べさせてはいけません。

ゲッターズ飯田のひとこと

他人からの情報に惑わされず、自分の生きがい、何に集中するかを絞り込み、正気を失うほど才能を磨くと周囲が驚くような人になれるかも。

67 資料を捨てられない人はエッチのときなめるのが好き。

いつか読むから、と雑誌を捨てられないあなたも隠れどSかもしれません。

恋愛・ユニセックス編

エッチって、普段はどSだなあという人がどMになり、普段はどMだなあという人ほど、どSになりがちです。なめるのが好き、という人はSの資質がある人が多く、情報やデータを捨てられない人はエッチのときにさらにどSになる星をもっています。自然に集まったものを捨てられず「いつか必要になるから」とせこく考える人ほど「いつかいろんなことをしよう」と企んでいるのです。現実ではできないことをエッチで解消したいのかもしれません。

ゲッターズ飯田のひとこと

「もったいないからー」と言ってドンドン物が集まる人ほど、普段はMに見えて、夜はどSになる傾向があります。

68 机にごちゃごちゃものを置く人はエッチがうまい。

いろんな情報を集め、いろんなことを試したがるキャラが幸いします。

オフィスや自宅の机の上にごちゃごちゃと関係のなさそうなものを置きたがる人は多才で情報を集めるのが上手。こつこつした事務的な能力はないかもしれませんが、エッチは自然に上手になります。男性は女性をおもちゃ扱いして結果的にうまくなるという感じです。ただし、なめるのがうまいのとはまた違いますので、67番の人とは少し違う戯れ的なエッチでしょう。

ゲッターズ飯田のひとこと

浮気率の高い人ほど多趣味多才になるが、百戦錬磨でテクニックも身につけやすいので、相手をした人の満足度も上がるようなのです。

69

一人で旅行する人は昔の恋を引きずりやすい。

自分で自分に問いかける癖が。思い出の中の恋人と旅しているのかも。

休みをわざわざとって一人で旅行に行くのが趣味という人は、基本的に人と話をするのが苦手。コミュニケーション下手です。だから自然と自分に問いかけて自分で答えを出す癖がついています。一人で旅行して自分で問いかけるのは思い出の中の恋人に対して。そういう人は昔の恋人を心の中にいつまでも住まわせているのです。また、ずっと昔の恋を引きずったあげく、せっかく今恋人ができても、昔の恋人に戻ってしまう可能性もあります。

ゲッターズ飯田のひとこと

社会に出たら、いちいち放浪にばかり出るわけにもいきません。暗い部屋や暗い場所で音楽を聴いてのんびりすると心が楽になるでしょう。

70

シンプルでも高級な服にこだわる人は自分を曲げてまで恋をしない。

プライドの高さは、そうは見えない高級な服が物語っています。

「その白いシャツ、7万もするの?」というように、当たり前でシンプルな洋服に高いお金をかけている人は、人に対しても「ここだ」という見極めが強く、簡単に妥協して恋を始めたりしません。また趣味にもビートルズだけがめちゃくちゃ好きとか、この犬種のイヌだけが好きとか、他人にはあまり理解できない気高いこだわりがあったりします。自然に周囲にいる人間の数も絞られます。安い服を着ているほうがいろんな人が集まり、振り回されます。

ゲッターズ飯田のひとこと

服のこだわりは生き方のこだわりに通じます。服にこだわりがない人は生き方にこだわらないというこだわりをもっているのです。

71

恩着せがましい人は第一印象で好きか嫌いかを決める。

好きなタイプが明確。しゃべればしゃべるほど恩着せがましくなります。

恩着せがましい人は実は瞬発力と直感に優れていて、過去の功績に執着しています。「好きなタイプ」が明確にあり、第一印象から「タイプかタイプでないか」で好きか嫌いかを決めています。しゃべればしゃべるほど恩着せがましさは強くなりますが、情に弱いところもあるのでお金を貸してくれたりします。しかし「あのとき、貸してやったから助かったんだ」と、一生恩着せがましいことを言います。その苦痛を味わう覚悟があれば、借りましょう。

ゲッターズ飯田のひとこと

おしゃべりな人は短気な場合も多いですが、物事をはっきりと伝えてくれるので良い勉強になると思えたら相性が良いのです。

72 ジャージでコンビニに行けない人は二股、三股が可能。

人生を演じ分けられる才能がある人。真夜中は別の顔かも……。

夜中にもう部屋着を着ているとき、住んでいるそばのコンビニに行くためにわざわざ着替えるような人は、すぐに別の顔をつくれるという人でもあります。体面を取り繕うワザをもっているので、恋愛で二股、三股をかけていても気づかれにくいのです。必ず浮気をするというわけではありませんが、別の顔をもつことが当たり前のようにするっとできてしまうということです。よく言えば、人生を演じ分けられる才能があるということでしょう。

ゲッターズ飯田のひとこと

こういう人が話を最後まで聞かない場合は、確実に浮気をすると思ってよいでしょう。

73

モノトーンの服装の人は見た目だけで恋をする。

制約はないのに黒しか着ない人は、男女問わずかなりのヘンタイです。

モノトーンの服装しかしない人は男女ともに理想主義者。女性ならば男性の頭の良さにこだわります。職業上の制約はないのに、いつも黒しか着ないという場合はかなりのヘンタイかも。人に対して心を開きません。「黒を着ると集中できる」と感じ、クリエイティブな仕事をしている場合もあります。白ばかり着る場合は警戒心が強く、臆病で真面目すぎる傾向が。礼儀正しくすれば仲良くできます。マオカラーを着る場合はかなり常識破れかも。

ゲッターズ飯田のひとこと

黒い服は仕事や勉強をするときだけに着るとよいでしょう。人に会うときは明るい色の服装を心がけると運気がアップしますよ。

74

カラフルなコーデをする人は束縛されない恋が好き。

インテリアも多色使いなら、自由を愛する傾向はいっそう強くなります。

男女ともいやにカラフルな色使いの服を好む人は束縛されるのが苦手。3色、4色と色が増えるほどに奔放です。特に露出の多い南国系のファッションをする女性は姉御気質なところがありますが、根は甘えん坊。男性も甘えん坊で、姉御気質な女性に弱いようです。こういう服装をする人はインテリアも多色使いする傾向があります。職場や学校などでファッションが規制されている場合は、インテリアにだけその嗜好を爆発させていることもあります。

ゲッターズ飯田のひとこと

子どものような発想力と不思議な才能をもっている人。自分を生かせる好きな仕事に就けると才能を開花させられるでしょう。

75

老舗ブランドが大嫌いな人は何度も会うと好きになってしまう。

その人なりの価値観で人と違う良さを探す人。習慣的に会うと好きになります。

基本、誰が見てもわかりやすいブランドのバッグなどをもっている人は、ルックスがよくて経済力もありそうなわかりやすい人が好きです。そういうわかりやすい老舗ブランドを「あえて買いません」という人は一般的な価値観とは違うところに良さを見いだしていて、年齢なども関係なく恋愛します。そして「みんなで一緒にやりましょう」的な人と何度も習慣的に会っているうちに、なぜか好きになってしまいます。

ゲッターズ飯田のひとこと

世話好きが多く、夢を追いかける人を好きになってしまう傾向があります。間違えて貢いでしまう前に見極めてください。

76

最新のファッションにこだわる人は過去の恋人と今の恋人を比べがち。

おしゃれな人ほど過去と現在の恋愛を打算的に見ているようです。

最新のファッションを追いかけて必ず着ている人は、恋愛や仕事で段取りや計算をするのが大好きです。またエッチの最中に前の男性と比べたり、前の男性を思い浮かべたりします。おしゃれな人ほど前の男性を思い浮かべる率が高く「あれを買ってもらえた。あんなところへ連れていってくれた」と、現実的な損得を勘定しています。男性はファッションに関係なく、前の女性と比べていることは多いです。これはしかたがありません。

ゲッターズ飯田のひとこと

雑誌のファッションをすぐにマネばかりしていると、ペラい男ばかりが寄ってきます。自分独自のセンスを磨きましょう。

性格・性質・好み編

- 恋愛・女性編
- 恋愛・男性編
- 恋愛・ユニセックス編
- **性格・性質・好み編**
- 身体的特徴・体質編

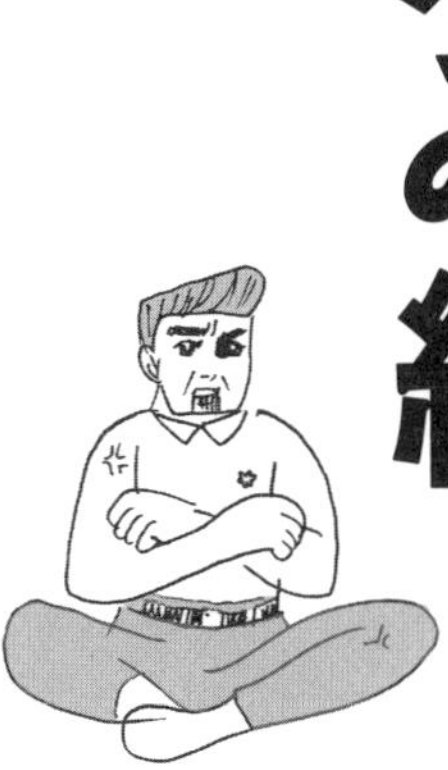

77

辛いカレーが好きな女は妄想癖がある。

あまりにも現実的な恋ではないので、妄想に身を任せがち。

Check!

辛い＝刺激。だから辛いものが好きだという人は恋愛にも刺激を求めて現実逃避する傾向があります。一夜限りの恋や現実を超えた理想の恋、叶わぬ恋に夢中になってしまうかも。妄想に終わるケースも多いのです。

78

「実はね……」と語る男は、実は女々しい。

物事の裏側好きな人は人の裏側も大好き。女だと思って付き合いましょう。

Check!

「実はね……」とか「本当は」などと裏話やぶっちゃけトークが好きな男性は一度あったことを表面的に流せても裏でねちねち考えたり、うじうじする人が多い。女性よりも女っぽいので女だと思って付き合うのが◎。

79
愚痴をさわやかに言う人はいずれデブになる。

楽観的な人ほど太る。でも太るのは運気的に悪いことではありません。

デブになるというのは食欲が過度になることと密接につながっています。普通以上に欲望が強い人でもあります。そういう人は欲望のためにネガティブな要素を打ち消すのが上手なんです。それも自分一人で抱え込まず、人に話して笑い話にしてしまう。そしてそういう愚痴話にはスイーツや美味しいご飯、お酒などがつきものです。「今日は楽しかったわー」と相手にも言わせてしまう。そういう人は会食がちにもなり、いずれデブになります。

ゲッターズ飯田のひとこと

愚痴が多い人ほどたいした努力をしていない人が多いです。地道な努力や積み重ねは誰かが見ていますから、どうぞしっかりやってください。

80

グルメに詳しい男は甘えん坊。

グルメ＝味にうるさいというより、おいしい店の情報に精通しているという意味です。

Check!

おいしいお店の情報をたくさん持っている人は、根が子どものままで他人任せな人に多いようです。普段はマイペースですが、二人っきりになると赤ちゃん言葉を使い始めたり、べたべたしてくることも多いはず。

81

小銭好き、割り勘好きの男は巨乳好き。

本当はお金を持っていたとしても、割り勘の感覚が好きなのです。

Check!

巨乳好きの男性は心が庶民な人が多いようです。小銭にこだわったり、グループで飲みに行くと、率先して割り勘の値段を決めたりするタイプ。根がケチというわけではなく、大きなことができないのです。

82

白い服を好んで着る男は、色白の女性に弱い。

白い小物を持っている男も同じ。そんな彼を攻略するには今日から美白です。

Check!

常に白い服を着たり、小物や身の回りの物に白が多い男性は、根が真面目で優しいタイプが多いようです。女性の肌にこだわりがあり、特に色白が大好き。焼けた肌の女性を毛嫌いすることまであるでしょう。

83

旅行好きは熱しやすく冷めやすい。

大の旅行好きは恋も仕事も趣味でさえも「大好き」が長続きしません。

Check!

男女ともに長期休暇や少しの連休でも旅行の計画を立てようとする人は、常に新しい刺激を求めてそれが長続きせず、恋も仕事も熱しやすく冷めやすいようです。団体行動が嫌いな人ほどその傾向が強まります。

84

本が好きな人はドMが多い。

「本を読んだところで何も変わらないでしょ」と冷たく言ってあげましょう。

Check!

本を好んで読む人は、自分の弱さを知っている人が多いのです。弱いからこそ、強くなろうと言葉を探す。でも結局、言葉で強くはなれない。「やっぱり俺ってダメなんだ」という意味のマゾっぽさがあるのです。

85

ご飯好きの男は、Mっぽく見えるが、ベッドではドSが多い。

セックスではわざと嫌がって気分を盛り上げてあげましょう。

Check!

「米粒を食べないと食べた気がしない」というくらいご飯好きな男性はMが多く、仕事や勉強は自分を追い込んで頑張りますが、セックスになると突然Sな自分を出してきます。嫌がるほどに盛り上がるでしょう。

86

占いを理解できない人は、空気が読めない。

「運がいいとか悪いとかないでしょ」という人は、とてつもなく迷惑なことをするかも。

Check!

根拠なく自分のことを真面目だと思い込んだり、占いの運気の良い悪いをさっぱり理解できない人は分析力に欠けています。自己分析ができず、他人のこともわかっていないので、空気の読めない発言をします。

87

コース料理や懐石料理が好きな人は、大器晩成。

自分もじっくり成長する大器晩成型。会社員で物まねが得意なら、さらに出世。

Check!

フランス料理や懐石料理のように手間暇かけた料理をデートの際に選んだり、ゆっくりじっくり料理を楽しむ男性は学習能力が高く計算高いところがあります。年をとるほど社会的に評価される大器晩成型でしょう。

88

自転車好きな人は小銭にうるさい。

悪気はないけど、その29円のお釣りを忘れない金銭感覚の持ち主です。

Check!

自転車に乗る人は「小回りが利いていい」という気持ちと「近くの距離に対して交通費を払わなくていい」という気持ちを持ち合わせています。ですから他人とのお金の問題でも数十円の単位までこだわっています。

89

頑固な人ほど夏にふられる。

「えっ、あの人が」という人ほど夏にご乱心。秋まで様子を見ましょうか。

Check!

自分の生き方やルールを守り続ける頑固な人は、夏になると突然遊び心が爆発したり、判断能力が低下し、普段しない行動に走りやすくなります。恋も順調に進んでいても失恋しやすくなる傾向があります。

90

春になると不安になる人は、心が庶民。

「偉そうな人が嫌い」な人は、春になると不安になってきます。

Check!

春になると、新しい出会いや希望でワクワクする人が多いのに、急に臆病になったり精神的に不安定になる人は差別が嫌いで情に厚い、根っからの庶民的な心の人が多い。そういう人は偉そうな人が本当に嫌いです。

91

夏に金遣いが荒い人はマイナス思考。

夏にテンションが上がる人は人間関係が苦手かも。友達と遊びましょう。

Check!

毎年夏になると大きな買い物をしたり、普段より出費が増える人は、人間関係が苦手でマイナス思考。夏のセールで買いすぎる人は注意。あるいは定職を持たず、好きな仕事が見つかるまでふらふらするかも。

92

言い訳ばかりする人は貧乏になる。

言い訳するから貧乏になるのか。はたまた貧乏だから言い訳するのか。

Check!

ぼくのところへ相談に来るお金持ちは決して人生に言い訳をしない傾向があります。対して貧乏な人は自分が貧乏なことを、社会や他人、はたまた親のせいにします。言い訳と貧乏は、必ず連動しているのです。

93

やけ食い女はヤンキー気質。

やけ食いや、やけ酒は自分を傷つける行為。周囲は心配しています。

Check!

気分が荒れたときにやけ食いや、やけ酒をする女性は、刺激や危険なことが好きな人が多く、周囲の制止を振り切るほどのパワーを持っています。表面的には優しい感じでも気が強く、ヤンキー気質な人が多いです。

94

小銭が好きな女は殴られやすい。

調子がいいぐらいならともかく、図に乗るタイプの男には気をつけましょう。

Check!

いわゆるせこい女性は現実主義で真面目ですが、融通が利かないくせに恋人の言うことは受け入れてしまいがち。普段は言うことを聞くので図に乗った相手に反抗的になって手を出されるというパターンが多いです。

95

リップクリームをつけたがる男は、忍耐強い。

男性なのに肌や唇を気にする人は、最後までやり遂げる。

根が真面目でしっかりした人ほど、肌が敏感で唇の荒れなども気にする人が多いでしょう。キスが大好きで、交際が始まるとHよりもキスを大切にする場合があります。お気に入りのリップクリームがある人は飲み会で酔っぱらうとキス魔になることもあるので、隣の席なら要注意です。

ゲッターズ飯田のひとこと

真面目な人ほど唇を大切にします。唇の荒れている男はエッチも荒っぽいと見て間違いないでしょう。

96

恋愛の話ばかりしている人は、いずれデブになる。

口癖が「まあいいいや」の場合は100％デブになります。

Check!

いつなん時、どんな相手にでも恋愛の話ばかりしている女性は基本的にすべての欲望に弱いタイプ。何か食べないとイライラする場合はなおさらデブになる確率が高いでしょう。我慢も覚えましょう。

性格・性質・好み編

97

無洗米を嫌う男は金持ちになる。

古い考えを大事にしてコツコツ働くタイプが多いからかも。

Check!

占いに来るお金持ちの男性は、古いしきたりや習慣を大事にするタイプの人が多いんです。だから女性が米を洗うという最も基本的な食の下ごしらえをないがしろにするのはありえないと思うようです。

98

過去の縁にこだわる人は、株で儲ける。

経済の世界では、古いデータが、実は先見の明に関わっていることもあり。

Check!

古い友達や付き合いを大切にしたり、前向きなようで昔のことに固執する人は反省してじっくり物事を考えるので、データ収集の才能がありますす。そのため投資で先を読んだり手堅い株で稼ぐことが多いようです。

99

真ん中のトイレを使う男は金持ちになる。

「トイレが3つ並んでたら、どこを使う?」と飲み会で密かにチェック入れましょう。

Check!

観察していると、3つのトイレがあったときにお金持ちは真ん中を使う人が多いんです。これはぼくの経験則。気づいてから意識して真ん中を使い始めたら、収入が格段にアップしました。

100

人の名刺を褒める人は社会的地位を持っている。

たくさんの人に会う人は、自分を覚えてもらうポイントを知っています。

Check!

名刺交換をしたときに相手の名刺の良い部分を探してその場で褒める人は役員や重役など社会的地位のある人が行う癖。「良い名前ですね」など、いろいろな情報から会話を広げようとすることが人をひきつける。

101

歯磨きが好きな人はいい人がいい。

あなたの歯や口臭を、実は他人はそんなに気にしていないものです。

Check!

白い歯にこだわる人や口臭などをマメに気にする人は神経質な人が多い。他人から嫌われたくない願望が強い気持ちから、人が嫌がることをしない良い人が多いが、それが高じて見栄っ張りや臆病な人もいるかも。

102

炭水化物好きはサラリーマンに向く。

ご飯をうれしそうにお代わりしたら、定年まで働いてくれる男性です。

Check!

淡々とルーティンをこなす人はご飯や麺類が好きで淡々と食べている人が多いです。淡々と恋愛をし、淡々とセックスもちゃんと普通にします。あまり浮気をしないのは麺類よりもご飯好きのほうです。

性格・性質・好み編

103

本を読まない人は胃腸が悪い。

運動系の人で胃が痛いほど悩んでいたら、たまには本を読みましょう。

Check!

知的好奇心が薄く、本をめったに読まない人は自分の体への好奇心も薄く、熟考することになれていないので解決策が浮かばず胃腸を壊しやすい傾向があります。体力があるので食べすぎたり、油断している場合も。

104

周囲からヘンタイと言われても自覚症状がない人は、天才気質。

「変な人」とよく言われる人は、趣味でもいいのでアートに挑戦してみましょう。

Check!

自分では普通で真面目だと本気で思っているのに周囲から「変な人」とよく言われる人は芸術や美術などの才能がある可能性が。子どもの頃に才能があったのに飽きてしまって、それを使わないで暮らしているかも。

105

アスリートは、意外にメンタルが弱い。

弱い心があるからこそ、強くなろうという努力に結びつくものです。

Check!

メンタルが弱いからこそ強くなろうと体を鍛えることに夢中になるのです。「自分はこれではダメだ」という不安定な気持ちが常にあるからこそ、厳しい練習をどんどんこなそうとするのかもしれません。

106

おしゃれな男は依存度が高い。

おしゃれな男は、男らしくはないものです。

Check!

おしゃれな男性は多趣味多才でいろいろなことに興味を示す人が多い。変化への対応は比較的柔軟ですが、一度はまったものから離れられなかったり、人にも依存してしまう傾向が。部屋にも無駄なものも多いでしょう。

107

夏にモテ期が来る人は仕事運がない。

まるで『アリとキリギリス』のキリギリスのようです。

Check!

夏になると異性からの遊びの誘いが多くなったり、楽しい出来事に胸はずむ人は、本来仕事をサボることがうまいタイプ。仕事に賭けていないので冬になると仕事がヒマになったり、退職や転職を考えそうです。

108

優柔不断な人はおじいちゃんに似ている。

「優柔不断」な性格は隔世遺伝しやすいようです。

Check!

自分での判断はしっかりできるのに、他人から選択を迫られるととたんに優柔不断になる人の多くは、祖父母と行動パターンや顔が似ている場合がほとんど。考え方が古い人はなおさらそっくりな人生を送るかも。

109

ブランドの紙袋を捨てられない人は偉くなれない。

本当に大切なのは外側ではなく中身だということを忘れてはいけません。

Check!

ブランド品や高級品を買ったときの紙袋をいつまでも大切に置いておく人は、物事の本質が見抜けなかったり、努力をしていても評価されにくい傾向があります。本当に大切なのは中身だということを忘れているかも。

110

おしゃべりが下手な人は、引き継ぎ運が悪い。

子孫を引き継いでいく運が引き継ぎ運。口下手な人が多いようです。

Check!

自分の気持ちを素直に相手に伝えられない人は、子どもを持つ縁が薄くなってしまっていたり、晩婚になる人が多い。言葉遣いが下手で受け身、思慮深い人はなおさら商売などの後継ぎの運がないことがあります。

111

心が庶民な人はファッション業界で成功する。

フラットに人付き合いを多数こなせるから、情報がたくさん入ってくる。

Check!

心が庶民な人は誰とでも仲良くなれ、流行に強く、先を見据える目がある人が多いようです。不安定な性質があるので目的は定まらないこともありますが、その分視野が広がり、新しいおしゃれを見つけられます。

112

自分の話が好きな人は、アミューズメント業界に向く。

芸能界、ゲーム業界など、楽しい職種で人生をまるごと遊べます。

Check!

「オレは～」「私は～」から始まる自分の話が多く、人の話に割って入ってまでする人は遊ぶことや楽しいことに貪欲で、仕事と遊びをうまく連動させることが得意。公私混同も仕事に役立つような業界で成功します。

113

言ったことをすぐ忘れる人は出版業界に向く。

プラス、妄想好きなら作家やライターになれるかもしれません。

Check!

自分の話したことを簡単に忘れてしまったり、同じ話を何度も繰り返すほど忘れっぽい人は、情報集めがうまくてフットワークが軽いという面も持ち合わせている。出版や情報関係の仕事が向いています。

114

人まねがうまい人は、大企業で成功する。

組織が大きいほど「人のまね」をする能力が生きるのです。

Check!

周囲にいる人や上司の行動をまねすることが得意で、要領のよい人は、マニュアルがしっかりしているような大企業で評価されます。仕事のコツを覚えれば、驚くような吸収力でどんどん出世していくでしょう。

115

空気の読めない人は公務員に向く。

どうしたらいいのか、ひたすら指示を待っているのかも。

Check!

本気で空気を読めない人の多くは「言われないと行動しない」人が多く、逆に言えば「言われたことは完璧にこなす」人も多いのです。突然のトラブルや変化などの対応に弱いのは指示を待っている可能性大です。

116

情にモロい人は金持ちにならない。

生まれ持ってお金持ちの場合はお金持ちのままでしょう。

Check!

「可哀想な人」「夢を追いかけている人」を好きになってしまう、いわゆる情にもろい人は、経済感覚はしっかりしていますが、お金に執着心がないのでお金持ちにはならない場合が多い。貢いでしまうことも。

117

頑張り屋さんは同世代の人と結婚する。

同じような感覚で対等に人生を送る。ケンカするほど仲が良いパターン。

Check!

負けず嫌いで頑張り屋さんは同世代や身近な人と結婚する確率が非常に高い。対等に付き合える感覚が必要なのです。ただケンカが絶えず、周囲が不安になることもありますが、当人同士は気にしていないはず。

118

頑固な人は、痔になりやすい。

これは占いというより、ぼくが会った2万人の統計です。

Check!

痔になっている人から相談を受けることが多く、その半数以上が「あなたは頑固ですね」とぼくが言うと「そうです」と認めるのです。おなかやお尻に無用な踏ん張りがあるのかもしれませんが、原因は謎です。

性格・性質・好み編

119

アスリートは偏屈が多い。

変わった理論、疑問を残さない姿勢がプロへの道。

Check!

スポーツ選手をたくさん占っていると、偏屈な人や変わった考えの人が多く、自分独自のデータ収集法や理論を持っています。「なんで?」が口癖で疑問を残さないように努力する人なら、プロになれる確率が高い。

120

時間にルーズな人はマメな人に弱い。

しつこくない程度のマメなメールや連絡でころりと落ちます。

Check!

約束の時間や帰りの終電を気にしないマイペースで時間にルーズなタイプの人は、マメな人を好きになりがち。そして仲間や大勢で何度も会っていると、自然と恋心が湧いてきます。しつこくない程度のマメさで。

121

理屈っぽい人は、我が強い人とうまが合う。

「なんで？」が口癖の人は、さらにその傾向大。

Check!

理論や理屈を語るのが好きで「なんで？」が口癖の人は、負けず嫌いで頑張り屋さんな人とうまくいくでしょう。お互いに自立心があることを美点としてとらえ、尊敬し合い、何かと助け合うことができます。

122

おしゃべりな人は正義感が嫌い。

まさに水と油。お互いが最も許せないものを持っていると感じてしまう。

Check!

男女の区別なくおしゃべりが大好きでひと言多いタイプは、真面目で正義感のある融通が利かないタイプとは波長が合いません。真面目な人は適当な発言が聞き流せなかったり、冗談で言ったことを真に受けます。

123

ぺたんこの靴ばかり履く女は、Hのとき、舐めるのが下手。

なんでも「楽だから」と済ませてしまう姿勢は、恋愛を潤いのないものに。

Check!

ぺたんこの靴や歩きやすい靴ばかり履いている女性は、セックスが淡泊で、男性の強引な感じが苦手です。舐めるプレーが苦手なのに自分ではうまいと思っている場合、彼氏の不満がたまっていくおそれもあります。

性格・性質・好み編

124

10代で異性の友達が多い人は、意外に育ちがいい。

学生時代の頃から異性の友達に取り囲まれている人は、実はお嬢様だったりします。

Check!

子どものときは友達が多くても、卒業後は友達が激減したり、他人にまったく興味がなくなる人は、案外育ちがいい場合がある。特にマイナス思考になりやすい人は良家に生まれた出自を持っていることが。

125

友達が増える人は、心の奥が野心家。

普段は野心を微塵も感じさせない人ほど、心の奥はメラメラ燃えています。

Check!

自分でもわからなくなるくらいに知り合いや友人が増えてしまう人は、陰の努力家で無意識に野心を持っています。さらに人の話の前半しか聞かない早合点な人は凄い野心家かも。他人には気づかれにくい性質。

性格・性質・好み編

126 お金を裸で持っている人は話が長い。

ポケットをじゃらじゃらいわせている人がしゃべりだしたら、結論がない。

Check!

現金をポケットの中にそのまま入れていたり、お金の扱いが雑な人は、周囲が飽きていることに気づかず、どんどんしゃべってしまうことがあるでしょう。おしゃべり好きというよりは話をまとめられないのです。

127

人の話を聞かない人は、大ヒット商品を生み出すことがある。

空気を読まない人が、ベンチャー系企業では意外に強い。

ベンチャー系の社長やよくできる技術者は、無意識に仕事のことを考えていたりするので、人の話を集中して聞いていないようです。そのくせ自分に必要な要点だけは意外に押さえていたりします。直感とかひらめきというのは実は無意識に積み重なったデータからぽんと生まれ出てくるものなのかもしれません。金属製の名刺入れをもっていることも多く、人との関係性でいわゆる空気を読まない性格の星とも重なっています。

ゲッターズ飯田のひとこと

「まぁいいや」「なんとかなる」などのいい加減な言葉が、この人たちのポジティブさに火をつけ、結果的に大成功へと導くこともあります。

128 同じブランドにこだわって自慢する男は、マザコン。

マザコン男は欠点を探すのが好きで、欠点がないもののことは自慢します。

まず物を自慢する時点でマザコン率はかなり高いでしょう。物の自慢、周囲の自慢と、マザコン男は自慢が大好き。本来は欠点を探すのが大好き。なぜならママに「これはダメ、あれはダメ」と言われて大きくなったからです。なので「欠点がない」ことをついつい人に言いたくなるのです。こういう人が一つのブランドを好きになると、もう大変。それがいかにすごいかということを、嬉々として語ります。仕事人間で職人気質。頭はいい人です。

ゲッターズ飯田のひとこと

頭の回転が速い賢い女性を好む人です。でも選びすぎてしまい、結婚のチャンスを逃しそう。妥協が幸せへの近道と知ってください。

129 安いものをまとめ買いする人は好きな芸能人にはつぎ込む。

世に言うオタクは節約上手ないい人が多いのですが。

男性ならAKB48のCDをまとめ買いするような人。女性なら韓流スターを追いかけて韓国にまで行く人。こういう人はほかのことには贅沢をしません。トイレットペーパーが安い日にまとめ買いしたり、電車に乗るのに土休券を買ったりするなどして普段はなるべく節約し、好きな芸能人のためには思い切り使って発散するのです。大好きな彼ら彼女らを喜ばせるという自分の欲望を思い切り満たすのです。だからこういう人は根本的に「いい人」です。

ゲッターズ飯田のひとこと

聞いてもいないのに「これ安かったんだよね」などと言う人は、真面目な人に多いですが、恋に臆病で押しに弱い人。聞いてあげましょう。

130 友達や知り合いの多い男は女に振り回されやすい。

やたらメールに絵文字を使い始めたら恋人ができたサインです。

気づけば友達と呼べる人が増えている男性は偉ぶらず、心が庶民なので、他人に対しても偉そうな人は嫌いです。ところが女性に対してはけっこうズルズルと言いなりになってしまい、影響されます。真面目な人と付き合えば真面目になるのですが、相手がちょい悪だとちょい悪になるかも。メールのパターンまで変わってしまうので恋をするとすぐにバレます。ファスト・ファッションが好きだとさらにペラい女性にハマり、縁が切れづらくなります。

ゲッターズ飯田のひとこと

このタイプの女性が露出の多い服を着ると良いカモになってしまうので、気をつけたほうが。飲みの席を断れず、夜もそのまま……ということも。

131

頑固で会話が苦手な女性は、ショートカットにするとモテる。

耳を出すのがポイントなので、ロングヘアでもスタイルを工夫しましょう。

Check!

言葉遣いが苦手で人と接するのが不器用だと自覚している女性は、耳を見せるとモテ始めます。髪の長い人で切りたくない場合は、後ろに束ねたりアップにしたりすると、周囲の男性のウケがよくなるでしょう。

132 短気なくせに「まあいいや」という男はギャンブルに強い。

チョコを食べながら馬券を買うと当たる確率が上がります。

「まあいいや」という言葉の根っこにあるのは楽観主義。そういう人は運をつかみやすい。また短気な人というのも瞬間的な運をつかむので、瞬時に賭けるギャンブルに勝ちやすいのです。ただしカジノのような場所では勝ったところで終われる引き際を覚える経験も必要でしょう。短気で楽観主義な人のラッキーフードはチョコレートですから、チョコを食べながらとか、ココアを飲みながら馬券や宝くじを買うと当たる確率がさらに上がります。

ゲッターズ飯田のひとこと

誰にでもニコニコすることと「人生をどう楽しむか」だけを考えて生きれば、運は味方してくれるはず。いざというときやけにならずに。

133 二番手、三番手で役立つ部下はむっつりすけべ。

仕事で二番手、三番手でいる人のほうが本当のエッチでどエロくなれます。

誰もがトップに立てばいいのではなく、男女に関係なく二番手、三番手にいるほうが幸運でいられるという人もたくさんいます。こういう人は根がしっかりしていますが、男女関係では勇気がなくて告白できなかったり、エッチで解放されづらいのに本番になるといきなりなめるのがうまかったりします。酒の席などでみんなが下ネタで盛り上がったとき、表立ってそこに入れない人のほうが、かえって本当にエッチする段になると、どエロくなるようです。

ゲッターズ飯田のひとこと

「自分はMだ」と公言したり、Mっぽい人ほどエッチのときはSになります。しかし、そのSはサディスティックではなく、サービスに近いです。

134

焼き肉に誘う上司は、心が折れやすい。

「焼き肉を食べる」＝ワイルド、みんな喜ぶという無邪気な思い込みが。

みんなでひとつの火を囲む、という行為は人を癒やします。「焼き肉に行こう」と誘う上司は自分が癒やされたいのです。そしてその行為によってみんなが喜ぶと思い込んでいるのです。部下の一人ひとりが自分のように傷つきやすいのではないか、仲間を求めているのではないかと過度に心配しているわけです。だからこういう上司が「焼き肉に行こう」と誘ったら付き合ってあげましょう。断ることは彼をさらに深く傷つけてしまいます。

ゲッターズ飯田のひとこと

このタイプの男性は、悩み事を相談すると親身になってくれるいい人。口説くというより自然に仲良くなって恋に落ちることが多いでしょう。

135

部屋に何も置きたがらない人は、基本、人が嫌い。

断捨離ブームもありましたが、実は適度にモノがあるほうが幸せになれます。

無機質な部屋に好んで住んでいる人は極端なマイナス思考で、人間嫌いです。コミュニケーションをとるときに空気を読むのも下手なので、どんどん友達が少なくなります。博士や学者など、何かを究めたい人はその方面ではうまくいきます。「私はかわいそう」「自分だけが貧乏」といった妄想に陥っていることもありますので、あまり自分だけを責めたりしないように生きることが大事です。「モノがいらない」が「自分もいらない」にならないように。

ゲッターズ飯田のひとこと

部屋にモノが多いということは、いろいろな事に興味がある証拠です。興味や好奇心が旺盛な人は話題が多く、人に合わせられるのでモテるのです。

136

鍋奉行な女は男性の前で態度が変わる。

単に面倒見の良い、いい人の場合もあり。下手なのにやりすぎるのがヤバい。

いわゆる女子が嫌う女子のパターンです。好きな男性ができるとあからさまに変わるので、わかりやすいでしょう。鍋を囲んでいるとき、ダシが減るほどアクを取ったり、肉をどんどん焼いて男性のお皿の上に置く女性はたいてい同性から嫌われています。男性が鍋奉行の場合は、心の奥にメラメラと出世欲、野心があり、そういうところを表面的には見せずに陰でコソコソと大胆な工作をしている場合が。単に面倒見が良いだけということもあります。

ゲッターズ飯田のひとこと

このタイプの女性は細かい事をグチグチ言うことが多く、それに耐えられる男性しか無理。無計画なデートをするとキレる癖もあるでしょう。

137

同じ飲食店やブランドに飽きるまで通う人は、芸術的才能がある。

有名作家、女優など、しつこく一軒の店に通い詰める人、多し。

本人はこだわりがあって楽しんでいるつもりでも、傍から見ていてあきれるほど同じ飲食店やブランドに通う人は芸術的才能があります。理論、理屈があり、繰り返すことに飽きないからです。こういう人は味覚は割と単純で、こだわりがあるつもりでもけっこう何を食べても平気だったり。また、同じ服を何着ももっている人は男性は100%マザコンです。芸術家の星をもっている人は母親と縁が薄いか、早くに亡くしているケースも多いです。

ゲッターズ飯田のひとこと

他人を悪意もなく小バカにする癖があり、自然と孤独になってしまったりするタイプ。その理由がわからず自ら心を閉ざす人も多いのです。

138

一カ所だけきれいに掃除する女には、恋の地雷がある。

ある場所だけきれいにしている女性には、立ち入ってほしくない場所がある。

家の掃除というのは全体にするものだと思うんですが、時々、ものすごく床は散らかっていて洗い物もそのまんまなのに、自分の鏡台の前だけきれいに整頓されているとか、靴箱だけはそろえている、みたいな女性っていませんか。ぼくの知り合いには何人かそういう人がいて、そういう女性にはそろって恋の地雷が何かひとつあるんです。そこを踏んでしまうと、その恋は跡形もなく終わってしまうような。だから部屋に招かれたら注意して見てください。

ゲッターズ飯田のひとこと

「いただきます」やお礼を言わなかったなど、気にしなければどうってことのないことで「やっぱダメだった」と恋を諦めるタイプでしょう。

139

買い物がストレス発散になる人は、芸能人に向いている。

旬なもの、すぐ手に入れられるものをたくさん欲しがる人はすぐ消える。

仕事や恋愛に段取りや計算を持ち込みますが、根は陽気。こういう人は芸能人に向いていて、ぱーっと欲望を発散させるように買い物をしないとストレスがたまるようです。さらにこういう人は役者ではなくタレントに多く、流行のものや最新のファッションの話をしていると落ち着くようです。しかし、旬なものが欲しい人は旬で消えていきます。素人でも30歳を過ぎて若作りな格好をしている人は運気が下がりますので、気をつけましょう。

ゲッターズ飯田のひとこと

買い物好きは、恋はギブ&テイクが絶対。自分が頑張ったことと同じくらい相手にも望みます。プレゼントとHに十二分なお返しが必要です。

140 言ったことをすぐ忘れる男は隠し金をする。

「え？　オレ、隠してねえよ」と言っても、５００円玉貯金があったりします。

さっき言ったことを「なんだっけ」とすぐに忘れる男性は、お金を分散させてもつ癖があります。通帳は３冊以上はもっていますし、そうでない場合は５００円玉貯金をしていたりします。自分で気づかないうちにそんな貯金箱を買っていて少しお金が入っていることもあるので、家の中をチェックしましょう。話がくどい人はそんな貯金箱が３つ以上あったり、すぐに換金できる趣味のものをいろいろともっている可能性があります。

ゲッターズ飯田のひとこと

おしゃべりな女や常にかまわなくてはならない女を面倒と思うタイプ。自由で独自の世界観のある人となら仲良くなれます。

141 話がくどい男は、心が中２。

心が中学生のまま、成長しない星をもっている人がいます。

飽きっぽいくせに自分の好きな話やこだわっている話だけは延々とする男は心が中２です。根気がないのにブログやＦａｃｅｂｏｏｋの更新はマメだったり、同じ漫画を何回も読んでいたりもします。そもそも心が中学生のまま成長しない星というのがあって、言い訳が多いのは中１、マイペースが中２、そこに負けず嫌いや意地っ張りが加わると中３です。なんとなく技術を身につけて大人の顔をして生きている男がいたら、要注意です。

ゲッターズ飯田のひとこと

このタイプは文学の才能や妄想を生かした仕事に就けると高く評価をされることがあるでしょう。世に言う、天才かバカか紙一重の人です。

142 負けず嫌いな人は学生時代にモテ期が終わっている。

背が高いからとか、足が速いからモテた人は大人になったら全部ムダです。

口癖が「でも」と「だって」で、中学高校時代の友達と今も仲が良く「自分は……」にこだわる人は男女とも学生時代にモテ期が終わっています。男性の場合「背が高いからモテた」とか「足が速いからモテた」というケースも多いのですが、社会に出ればまったく意味のないことです。むしろ我が強いと迷惑になったりしているケースもあります。学生時代にモテ期が終わっている人はエッチも追求していないので、おおよそ下手な傾向があります。

ゲッターズ飯田のひとこと

このタイプは大人になっても学校に通ったり、習い事を始めるとモテ始めるので、いつまでも一学生でいることがモテる秘訣です。

143

手ぶらで外出する男は怒ると相手に逃げ道を与えない。

理詰めで怒るので相手に言い訳も許さない。こだわりすぎてヘンタイかも。

バッグなどを何ももたず、どこに行くにも手ぶらで行動したがる男は、マザコンで理屈っぽいところがあります。食には興味がありませんが、蕎麦ばかり食べている人も多いです。愛情面では非常に冷静で、理詰めなので怒るときは完璧に怒ります。匂いフェチで柔軟剤の匂いにこだわったりすることもあります。常に紙袋をもって歩く男はさらにやっかいで「なんでいつも紙袋なの?」と聞かれて「気に入る鞄を探してるんだけど」と言い訳する人はややヘンタイです。

ゲッターズ飯田のひとこと

鞄をもたない男が「何で?」とすぐに言うタイプなら100%マザコン。加えて、「何でそれが好きなの?」というフェチな部分があるでしょう。

144

お金や恋愛に欲が深い人ほどマインドコントロールされやすい。

本当に性格のいい人は占いで「いいこと言ってもらった」と喜びません。

占いに来る人はいわゆる欲の深い人が多いような気がします。少しでも楽をしていっぱい儲けたいとか、お金持ちの彼氏をつかまえたいとか。だから占いでいいことを言ってくれたら、そこによりかかってしまう。本当にやる気のある性格のいい人は「悪い時期、注意するべきことがあったら教えてください」と言います。占い師や霊能者によりかかってしまう人は「この人によりかかっていさえすればうまくいく」と心の底から思い込んでいるのです。

ゲッターズ飯田のひとこと

多くの成功者は、占いを自分の気がつかなかった弱点や欠点、注意する点だと前向きにとらえています。

145

言われたことしかできない人は、女性の上司がつくと伸びる。

占いによると、指示待ちの星をもっている人はいつの時代にもいます。

命令したことでしか動けない男性は実は真面目な人でもあります。「最近は指示待ちの若者が多い」などとよく言われますが、占いを見ているといつの世の中にもいます。彼らのような人たちの運気が上がっている時期に目立つだけです。発明家、医者、学者には向いています。物事を一つ究めるのは得意ですが、人間関係を広げたり、上手なコミュニケーションをとったりするのが苦手。異性関係の交流も少ないので、女性上司の言うことは響くのです。

ゲッターズ飯田のひとこと

言われたことしかできない人は、いわゆる「サプライズ」が大の苦手。期待をするほうが悪いので、何をしてほしいか言ってあげてください。

146

「でも」と「だって」が口癖の人は仕事をさぼるのがうまい。

人と自分を比べたり戦ったりしながら、生きていきたい人もいます。

話の中で「でも」「だって」と言うことが多い人は、自己主張が強く、より自分を表現したい星をもっています。反発するからといって一人でいるのは苦手。ライバルがいないと頑張りません。仕事を自分の手柄にするのは好きなので、中間管理職になったときに部下との関係に気をつけなくてはいけません。部下の手柄は部下の手柄として認めてあげるようにしましょう。同期が頑張ると伸びますが、同期が総じて良くないと自分もダメになる傾向が。

ゲッターズ飯田のひとこと

「自分」をもつことは大切なことですが、本当に実力がある人は「自分を出せる人」。自信がある人ほど、ムダな自己主張を消せるものです。

147

同じ話を何度もする人には「若いねー」と言うと仲良くなれる。

壊れやすい思春期のような心をもった人には、それとなく若さを褒めましょう。

その人が今何歳かにかかわらず、同じ話を何度も繰り返してする人には、意味も脈絡もなく「若いですねー」と言うと、仲良くなれます。同じ話を繰り返す人は心が中学生で、心にまで踏み込まないし踏み込ませないのです。他人と必ず一定の距離をとり、自分を守っているのです。こういう人が同じ話、しかも聞くのがうっとうしい話をし始めたなと思ったら「若いですねー」と言うと機嫌が良くなります。意味など感じないので大丈夫です。

ゲッターズ飯田のひとこと

年齢の割には外見が若く、年相応に見えない人は何度も同じ話をする傾向が強い。逆転の発想をすれば、実は若くいる秘訣かもしれません。

148

ノーメイクで会社に来る女はライバルが現れると途端に燃える。

ライバルが必要な人がいます。周囲に人が必要なんだけど、協調性はない。

ファンデーションをつけない女性は心が少年であることが多いです。男の子的な幼い感じで負けん気が強くなるので、ライバルがいたほうがやる気になります。だから一人よりはみんなでやる仕事のほうがパワーが出ます。その割には協調性はなく、空回りすると他人に当たります。自分が失敗すると、そんな自分に腹が立って、ぶつける場所がないので勝手に機嫌が悪くなっていることもあります。

ゲッターズ飯田のひとこと

ノーメイクで平気な人は、Hがワンパターンでなめるのも苦手になるので男性に不満を与えてしまうよう。ナチュラルメイクを心がけましょう。

149

ヅラの上司は言葉数が減る。

ぼくが言うのだから間違いありません。ハゲた男性は真面目です。

どんなにおしゃべりな男もヅラをつけると言葉数が減ります。ヅラをつけるというのはそもそもハゲた部分を隠す行為ですから、気が弱い人だということでもあるでしょう。小銭好きで頑固な性格ながら、細かいことを気にするのです。追及せず、どうぞそっとしておいてあげてください。だいたいぼくもそうですが、ハゲた男は真面目です。一般的に「ハゲはエッチが強い」ともいいますが、占いではそこはリンクしてはいません。期待しすぎないほうが無難です。

ゲッターズ飯田のひとこと

コンプレックスがあることがハッキリわかる人のほうが根は優しくなるのです。人は傷つかないと優しくなれないから。

150 ゴシップ雑誌が好きな男は突然会社を辞める。

リセット癖のある星をもつ人は、ドロドロした裏情報が大好き。

人間の裏側を暴くような、どろっとした情報が好きだったり、裏社会ものの映画や漫画などが好きな人は、リセット癖があります。ある日突然、会社を辞めたり、仲間の前から去ったりするのです。恋愛でも自分の中でどんどん疑心暗鬼がふくらみ「やっぱりやめた」と身を引いてしまうことがあります。何事も心の闇の中でうじゃうじゃ考え、知りすぎてしまうのです。いわゆる自滅的な人だともいえます。

ゲッターズ飯田のひとこと

このタイプの人は実は自分に厳しく他人にも厳しい人。だから判断が速く、バッサリ縁を切ってしまうので結果的に転職が早くなる場合も。

151

誰にでもタメ口でいる人は放浪癖がある。

たとえ会社員であっても、突然休暇をとって一人旅に出たりします。

上下関係を一切気にせず、自由でいたいという人は、根っからの生意気な星をもっています。常に修学旅行のような旅を求めていて、突然放浪の旅に出てしまうこともあります。芸術や色彩感覚には優れたものをもっている星と連動しているので、カメラマンや冒険作家に多いタイプです。普通のサラリーマンをしていても、平気で皆既日食を見るために会社を休んだりします。

ゲッターズ飯田のひとこと

一生懸命頑張っていることをアピールする人ほど、案外サボるのがうまい人が多い。人は誰でもそんなに頑張り続けられないものです。

152

クーポンの好きな女は、すぐ落ちる。

クーポン好きで胸元の開いた服を着ている女はさらに落ちやすい。

小銭までぴっちり割り勘にしなければ気がすまず、クーポン券争奪に夢中になる女性は、男性の誘いにすぐに落ちます。胸元の開いた服も好きで、押しやおだてに弱く、ストレートな誘い文句で十分なのです。妙に回りくどい誘い方をすると、むしろ気がつかない可能性もあります。男性も胸元が開いている女性を誘いやすいものですが、それでもボーダーはNGです。胸元の開いた服VSボーダーの服、ではボーダーのもてない運が勝ってしまうのです。

ゲッターズ飯田のひとこと

クーポン好きは片思いの恋が多くなってしまったり、尽くしすぎて相手に重たがられてしまうこともあるでしょう。

153 おしゃべりな男は お金にルーズ。

無口でどっしりして人の話の要点を聞いている人のほうが、資産を殖やせます。

言葉を発すれば発するほど、お金はなくなっていきます。意味もなくしゃべる、黙れない人はお金にルーズです。また投資も成功しません。無口でどしっとしていて、人の話の要点をしっかり聞いている人のほうが資産を殖やせるのです。またおしゃべりな男はデブな女が嫌いです。恩着せがましいところもあります。いいところがなさそうですが、芸能人や学校の先生、感性で勝負するクリエイターなどでは成功できます。

ゲッターズ飯田のひとこと

おしゃべりな男は「デブな女は大嫌い」と公言するでしょう。一目惚れで恋が始まるので、第一印象が悪いと何も始まらないでしょう。

154

やけ酒する男は、ヤンキー体質。

ただし一発逆転運もあるので、経営者になっていきなり成功する人もいます。

やけ酒ややけ食いなど、何かと暴走する人は刺激やちょっと危険なことが大好きです。そういうことでしか鬱憤を発散できないのです。ただ度胸があるので一発逆転で成功する場合もあります。10代の頃はヤンキーだったのに、20代で経営者になって成功するということがあるのです。キャバ嬢や派手な外見の女性にも弱いので、結婚しても浮気はするでしょう。

ゲッターズ飯田のひとこと

このタイプは、コスプレをしたり、変身願望が強いので会う人によって「え？そんな人だっけ」というくらいキャラが変わることも多いです。

155

大人になっても中高時代の友達としか遊べない男は出世しない。

立派な経営者になっている人は、新しいつながりに常に飛び込んでいける。

中高時代の友達を大事にするのはいいことですが、その仲間としか遊べないという大人は出世しません。えらくなる人はこっちの会社の人、あっちの業種の人、と帰属を気にせず遊べるのです。ぼくの知り合いの大手企業の役員は「妙に丁寧に扱われるのが嫌だから」と、身元を隠してでもいろんな人の輪に飛び込んでいます。経営者はゴルフなどの社交的な遊びで人脈を広げ、どんどん新しい人と知り合ってそこから学べる人が成功しています。

ゲッターズ飯田のひとこと

身近な女性や同級生と恋をしたり、結婚をすることも多いでしょう。何でも手短にすまして、Hも簡単にすますことが多いでしょう。

156

礼儀正しい人はシャワーを浴びないと燃えない。

順序正しいエッチが大事な人もいます。シャワー待ちも前戯と思いましょう。

占いで「シャワーを浴びないと燃えない」という星があるんです。こういう人は礼儀正しくて物事の順序を重んじます。いわゆる「できちゃった婚」はないタイプ。見た目にも清潔感があって草食系に見えることもあります。でもシャワーを浴びたら火がついたようにのめり込めますから、安心してください。

ゲッターズ飯田のひとこと

キレイ好きは真面目な恋をするので、無精ヒゲなどもないタイプが多いでしょう。肌がキレイな人も多いのがチェックポイントです。

157

マイペースに仕事をする人は知人から仕事が広がる。

仕事も恋愛も結婚も「知り合いの知り合い」という縁が強い人がいます。

友人と呼べる人の数はそんなに多くなくても「知り合い」と呼べる人の数は多いという人は、その知り合いの知り合い、という感じで縁が広がり、仕事が大きくなっていきます。恋愛面でも知り合いの知り合いから縁があり、結婚する人も多いのです。物書きや出版関係者はこの星をもった人が多いようです。

ゲッターズ飯田のひとこと

最初は遠慮がちな人ですが、仲良くなるとドンドン図々しくなるタイプ。驚くような人と仲良くなっていることもあるでしょう。

158

襟を立てる男は、口が達者で使いにくい部下。

プライドの高さと襟の高さは比例します。

シャツの襟を少し立てて着たりする男性は、独自の美意識をもっていて、短気を起こしやすく、反論が増えます。たとえ相手が上司であろうと理詰めで向かっていくのでかなり使いにくい部下になりそう。ファッション業界やデザイン、建築の仕事などには向いていています。不思議なことですが、プライドの高さと襟の高さは比例するようなのです。

ゲッターズ飯田のひとこと

尊敬できる女性と恋に落ちるタイプに多いでしょう。選びすぎてしまい恋のチャンスを自ら逃してしまうこともあります。

159

ひとり牛丼をする女は、情報収集が得意。

仕事も恋愛もグイグイ。ただし、おばちゃんになると男子トイレに入るかも。

一人で牛丼屋に入れる女性は他人の視線を気にせず、自分の意志を自然に押し通せる人。気さくで楽な感じで、いろんな人の間に入っていけるので、普通の女性が得難い情報も集まってきます。こざっぱりしていてマイペースなので、男性の友達も多いはず。いろんなことをやりたがる星とも連結しているので、ビジネスで成功しそうです。ただし、いずれおばちゃんになると、混んでいれば男子トイレに入る女性になります。

ゲッターズ飯田のひとこと

お酒を飲んだ勢いで一夜限りの恋をするタイプも多いでしょう。たちの悪い男に引っかかる場合もあるので全部をモテだと思わないことです。

160

新商品のお菓子を買ってくる男は好きな仕事しかやらない。

本当に好きな仕事を見つけたら才能開花。自分を腐らせず次の仕事を探して。

会社で昼休みなどに「これ知ってる?」と、新商品のお菓子を買ってきて自慢する男性は、好きな仕事しかやりません。こういう男性は本当に好きな仕事を見つけたときだけ、才能が開花するのです。もしも新商品が好きで、今の会社がつまらないと腐っている人は、とっとと辞めて合う会社を探すほうがいいでしょう。新商品が好きな人は屁理屈と言い訳が多い星ともリンクしていますので、職場で腐っていたらすぐにわかるはずです。

ゲッターズ飯田のひとこと

物作りやデータを必要とする仕事に就くことができれば、能力を高く評価される場合があるでしょう。

161

清潔で透明感がある服装の人は心がすり減って会社を辞めやすい。

実力主義、成果主義の仕事は合わず。音楽を聴いてリフレッシュしましょう。

外見で清潔感や透明感を求める人は、心も純粋すぎて、仕事でガツガツと実力主義や成果主義を突きつけられると、ぽっきり心が折れてしまいます。原価率の低い商品を高く売ったりすることを上司に要求されると「こんなの、人を騙しています」と真面目に言ってしまうタイプです。売り上げのためにはなんでもやる、などというノルマの大きな会社も向いていません。できれば朝晩、心地よいと感じる音楽を聴いてリフレッシュすることが必要です。

ゲッターズ飯田のひとこと

こういう人が「もう疲れた」と感じたときは、美味しいうどんを食べると気持ちが楽になる場合があるでしょう。

162

服装で人を威圧しようとする男は女子アナの話に弱い。

感動屋さんでマザコンなタイプ。女子アナ合コン招待で切っても切れない仲に。

男性なのに大きなアクセサリーをつけたり、縦縞の派手なスーツを着たりして「いったいなんの職業？」と思われるようないかつい服装をする人は、知性と美を備えた女子アナやCAのような女性にころっとまいります。「〇×テレビの女子アナと友達」「今度女子アナ合コンがあるんだけど」と言うと、いっぺんに優しくなり、「親友」になります。感動好きでマザコンなところもありますが、好きな仕事にはまると成功します。すごい人脈があるかも。

ゲッターズ飯田のひとこと

わかりやすい服装やわかりやすいアクセサリーを身につける男性は、誰が見ても外見がよくて肩書のある、わかりやすい女性に弱いのです。

163

チョコレート好きな人は踊るとハッピーな出来事が起きる。

エロな情報はチョコ好きに聞け。踊ると運気が上がる星も同時にもっています。

チョコレート好きな人は性格がいい加減で根がエロいのですが、不思議なことに運がいいのです。男性でチョコレート好きな人は女性に対してタイプがなく、なんでも来いという感じ。しかも「あの女性は誰とでもOKらしいよ」といった情報をどこから仕入れてくるのかと思うほどよく知っているのです。飲食業やサービス業で成功するので、転職を考えている人はその分野へいくのがいいでしょう。踊るとさらに運気が上がるという星も併せ持ちます。

ゲッターズ飯田のひとこと

暇とお金があれば、セレブ体験や超贅沢をすると急激に運気がアップするタイプ。借金してまでやらないでください。

164

子どもの頃に大人っぽい子は、大人になって性格が悪くなる。

子どもは子どもらしいほうが、将来は素直に幸せになれる確率が高いです。

Check!

子どもの頃から大人の言うことがわかりすぎる人は、同級生や同世代の子を小バカにする癖がつき、交友関係が狭まることが多い傾向が。オタクやマニアになることもありますが、周囲が驚く才能を発揮することも。

165 占いが好きな人は根回しがうまい。

経営者で占い好きは、いいことよりも悪いことを知りたがります。

男女問わず占いが好きだという人は、ものすごく性格のいい人か、性格の悪い人かに二分されます。そしてどちらにも言えるのは、裏側に回って裏ボスみたいになりたい性格で、根回しが好きだということ。マスメディアが報じない裏情報を知りたがっている人が多いということです。また経営者で占いが好きな人は決まって「運気のいい時期」よりも「運気の悪い時期」、いいことよりも悪いことを知りたがります。それを回避する方法を得るのです。

ゲッターズ飯田のひとこと

占い好きは「自分は運が良い」と言うと、なぜか本当にドンドン運が良くなるのです。言葉が具現化するタイプが多いのです。

166 がらくたを集める男は酒の席で仕事をとってくる。

エロ系のいい店を知っていたり、相手を喜ばせるトークも上手なのです。

がらくたを集める男は情報通で人にサービスをするのも上手。男性はエロさもビジネスの武器にして、いい店を紹介したり合コンを設定したりして相手を喜ばせたりするので、酒の席で仕事を成立させたりします。日頃、会社ではいい加減な感じで「あの人、いつ仕事しているんだろ」と見えて業績のいい人はまさにこのタイプ。もちろん、飲食やサービス業といった仕事なら、それで大成功してしまうこともあります。

ゲッターズ飯田のひとこと

マスコミ系や商業系の仕事が特に向いているタイプ。暇よりは忙しいほうが能力が開花する人。忙しい自分を楽しんでください。

167 パンツスタイルが多い女は打たれても出続ける杭になる。

上司に1回折られてからが勝負どころ。ショートカットで馬力アップ！

スカートよりもついパンツを穿いてしまうという女性は負けず嫌い。若いときに職場でたたかれるタイプです。しかし一回折られてからがこの女性の真骨頂。ショートカットにするとパワーアップ、出続ける杭となって気がつくと認められています。出来高報酬の仕事、生保レディ、インストラクター、あるいは残業の多い会社に就職するのが向いています。恋愛は男友達はたくさんいますが、恋には持ち込みにくいようです。

ゲッターズ飯田のひとこと

一人で没頭できるスポーツをするとストレスを発散できるタイプです。体を動かすのがいいので、自転車での通勤通学も良さそうです。

168

南国風のファッションをする女は根が甘えん坊。

クールに見えても甘えん坊。カレー好きならヘンな男に引っかかりそう。

南国風の薄物系のファッションが好きな人は常に自由を好み、斬新なアイデアや新しいものを生み出すパワーをもっています。こういう女性は男性のセンスや才能のありかを見つめています。一見、クールに見えても根は甘えん坊。才能のある男に弱く、アジア系のスパイシーな料理、特にカレーが好きだと子どもっぽさが加わり、ヘンな男に引っかかりがちになります。

ゲッターズ飯田のひとこと

パズルゲームや頭を使うクイズなど、マスターすることに時間がかかる遊びをすると、ストレスを発散できるでしょう。

169

昼食がスナック菓子でもいい人は、人がやりたがらない仕事で花開く。

人がムダだと思うような仕事で一発逆転、お金を手にするかも。

偏食の星をもっている人は、人間性も変わっていることが多いです。「食は体を表す」って占いでも表れているんです。昼食がスナック菓子でも平気という人は自由人で「そんなことムダでしょ」ということで花開きます。ムダに思われつつ一生懸命やっていたことが突然ひっくり返ってビジネスになるのです。子どもっぽさ、子どもが何かに夢中になるような探究心があります。ただ、金融のような仕事、お金勘定はまったく向いていません。

ゲッターズ飯田のひとこと

周囲から何でそんなことやってるの?と疑問をもたれることをやっている人は「ムダだと思われたこと」にこそ価値が出てくるでしょう。

170

和雑貨屋に吸い込まれていく女はおバカな男が嫌い。

学歴だけでなく、秀でた一芸のある男性にひかれることもあります。

ふきんのような和の小物や浴衣が好きな女性は、理屈っぽいところがあり、男性に対して尊敬したいと思っているので、学歴や、そうでなくても秀でた一芸のある人にひかれます。自分自身の知的好奇心も旺盛で勉強家です。けれども感情的になりやすく、涙もろい一面もあります。普段はそういうふうには見えないので、うまくコントロールできれば武器になるかもしれません。

ゲッターズ飯田のひとこと

高級な食器をそろえたり、ブランドの器を手にすると気持ちが上がるということもあるかも。演劇や芸術に関わると運気もアップします。

171

セクシーな勝負下着をもってる女はやけ食いをする。

一発逆転運もあり、すごい金持ちかすごい貧乏と結婚するかも。

エッチの日のためにセクシーな下着を用意したり、勝負のデートのときにだけ着るいやらしい洋服をもっていたりする人は、何かにつけて暴走しやすくやけ食いをします。特に下着は見えないところでの表現なので、隠している本当の自分がいるのです。自分から好きにならなければ飛び込めませんし、エッチのときに音楽の選曲にこだわったりすることもあります。一発逆転運を持ち合わせる場合も多く、すごい金持ちかすごい貧乏と結婚します。

ゲッターズ飯田のひとこと

S的なプレイに走りやすいタイプ。相手が嫌がると盛り上がる癖もあり、スリリングな場所のHも好む人でしょう。

172 ジェットコースターが好きな女は鬼嫁になる。

欲望が強くてキレやすい人は刺激が大好き。夫はエッチを怠ってはいけません。

非常に欲求が強くキレやすい女性は、結婚すると途端に鬼嫁と呼ばれます。エッチに対する欲求に素直で刺激を求めるので、小道具やコスプレ、アクロバティックな行為も大好き。夫がエッチを怠ると鬼になるという傾向があり、ほかの人にはその理由が見えないので「夫婦のことは夫婦にしかわからない」という状況が起こるのです。遊園地で「ジェットコースターに乗りたい」と執拗に要求する女性は鬼嫁になりがちなので、結婚前の遊園地デートを一度はぜひ。

ゲッターズ飯田のひとこと

団体行動が苦手な場合は更に鬼嫁度が増しますが、外ではとても良い嫁を演じてくれるでしょう。うちに帰ると……。

173

ラーメン好きな上司は「すごいですね」という単純な褒め言葉を真に受ける。

疑うことを知らない子どもの心をもった人。遠回しに褒めても意味なし。

ラーメンが好きという人は子どもっぽさがあり、疑うことを知りません。こういう人を上司にもったら「すごいですね」という単純な褒め言葉ですぐに気に入られます。もし恋愛対象で、誘いたいと思ったら「美味しいラーメン屋さんを知ってるので一緒に行きませんか」と言えば簡単に落ちます。ラーメン好きの部下の場合も「すごいね」といった素直な言葉が一番動かせます。ひねった言葉で遠回しに褒めてもまったく意味が通じないでしょう。

ゲッターズ飯田のひとこと

おだてに究極に弱いタイプなので、ドンドン褒めると仕事も家庭も頑張る人になります。夫や恋人の場合も褒めて育つタイプ。

174

リゾート好きな男は、ギャンブルにはまりやすい。

浮気がち。男でもブランドもののトランクスなど勝負下着をもっています。

南国やリゾートが好きで、そんな話ばかりしている男性はかなりの刺激好き。ギャンブルは大好きですが、強いとは限りません。情報収集が得意な場合、投資や株など勉強して儲かることもあります。誰か先生のような人がいて、教えてあげるとよいでしょう。リゾート好きは明るくて楽しげでモテる男性も多いですが、浮気しやすいのも事実。どういうわけか、男でもブランドもののトランクスなど勝負下着をもっています。

ゲッターズ飯田のひとこと

簡単に手に入る女性には興味がないので、このタイプとの交際では特に「好き」と言わないほうが良い恋ができます。

性格・性質・好み編

175

B級グルメフェスタが好きな男は浪費癖がある。

行動範囲が広く、情報をたくさん集める強みで少ない小遣いでも浮気する。

「B級グルメフェスタがお台場で開催されます」といった情報に敏感で、激しく興味を示す男性は、お金を使うのが大好き。かなりどんぶり勘定で浪費傾向があります。またこのタイプの男性は結婚していても浮気をします。行動範囲が広く、情報もたくさん集めることができるので、たとえ小遣いが少なくても、なるべく安く楽しくデートできる術をもっているのが強み。家ではなるべく白いご飯を食べさせると、浮気の虫はやや治まるでしょう。

ゲッターズ飯田のひとこと

いつまでたっても心が中学生のまま、女性のセンスも扱いも子どもっぽく、エッチは淡泊で身勝手。いくらイケメンだったとしても困ったちゃん。

176

毎日同じものを淡々と食べる男はマザコン気質の草食系。

マザコンの星は「毎日同じものを食べても平気」な星とリンクしています。

いろんなものを食べるほうが人間はエロくなれます。キリンのように毎日同じものを淡々と食べていると、人間も草食系になってしまうのです。マザコンの星をもっている人は、この「毎日同じものを食べても平気」という星を併せ持っています。こういう男性と知り合って、草食系から肉食系に変えたいと思ったら、主食はなるべくパンや麺類にし、いろんなジャンルの料理を食べさせることです。そして母親のように深い愛で包んであげてください。

ゲッターズ飯田のひとこと

遊びや交際費の出費を嫌がるので、思わぬ場所で評価を落とすタイプ。パーッとごちそうすると人気者になれそうです。

177

きれいな財布と腕時計をもつ男は起業すると成功する。

恋人や夫を出世させたかったら「ケータイが時計代わり」ではダメです。

これは占い的な根拠はありません。ぼくが出会った若くして成功した社長たちは、全員きれいな財布をもち、腕時計をしていました。一人としてこの例にもれる人はいません。20代、30代の男性は携帯電話を時計代わりにしている人が多いようですが、もし彼氏や夫を出世させたかったら、腕時計ときれいな財布をもたせてあげましょう。

ゲッターズ飯田のひとこと

男性の財布と時計は年収と比例する。無理をしてでも良い物を持ったほうがよい。財布の値段は特に年収に比例するようです。

178 どくろマークが好きな人は食いしん坊。

ハートや有名なネコやネズミ、クマのキャラクターを集める人もデブになる。

丸みのあるグッズを集めたり、部屋に飾ることが好きな人は、食欲旺盛で食事の邪魔をすると機嫌が悪くなる人に多く、丸い感じのキャラを飾ると体も自然に丸くなってしまうことが多いでしょう。キャラクターで有名な遊園地にはぽっちゃり体型が多い。

ゲッターズ飯田のひとこと

シャープな感じのアイテムが好きな人は、体もシャープでスリムな体型な場合が多いです。四角い顔の人は四角いものが好き。

179 帽子を集める人は、案外トラブルが好き。

いろいろな種類の帽子をもっている人は、対応力がある。

「帽子は最後のオシャレ」と言われるくらいオシャレなアイテム。数多く帽子をもっている人は、いろいろな服に帽子を合わせせられるセンスと頭の良いタイプ。少しくらいのトラブルも面白がって対応することができる人になるでしょう。

ゲッターズ飯田のひとこと

寝癖を隠すために帽子をかぶる人は、屁理屈や理屈が好きな人が多い。

180 髪型を10年以上変えない人は、異性を見る目がない。

「私はこの髪型しか似合わない」という思い込みは自分だけのものかも。

ショートカットの女性は頑固で一途ですが、さらに10年以上同じ髪型をしている場合は、その頑固さは相当なものになります。長く一人の人を好きだったり、昔の彼氏が忘れられなかったりする人もいるでしょう。「私はこの髪型しか似合わない」と決めつけて10年以上同じ髪型をしているのも、自分の変化に気づかず、異性を若い頃と同じ基準で見ている可能性があります。

ゲッターズ飯田のひとこと

しばらく恋から離れているな〜と感じるなら、髪型を思い切って変えたり、美容室を変えると恋のチャンスが来ます。

181

アニマル柄が好きな人はアクロバティックなエッチが好き。

ここにはない世界、味わったことのない刺激に憧れる変わったロマンティスト。

ヒョウ柄やゼブラ柄など、アニマル柄が大好きな女性はロマンティストでここにはない世界にひかれています。味わったことのないような刺激が好きで、エッチも普通では満足できないところがあります。全身で愛を表現するアクロバティックなエッチが大好きで、おとなしい男性はやや引いてしまうおそれもあります。同じように刺激好きな男性とならうまくいきそうです。

ゲッターズ飯田のひとこと

自分勝手なエッチには走らず、相手にもいろいろ望むのでエッチを研究したり、お互いの「気持ち良い」を追求する意外な良妻タイプもいます。

182

真っ黒なコーディネートをする人は、他人を小バカにする。

芸術家肌で常に憂鬱な感情が。人を下げて自分のメンタルを支えています。

四季を問わず、全身真っ黒な服装を好む人は、芸術家肌でどんなに恵まれていても常に憂鬱な感情があり、人を否定することで自分の弱いメンタルを支えています。本気でバカにしたり否定するというよりは、ちょっと小バカにしているという感じで、実はそんなにドロドロしたものはありません。が、真面目に聞いているとイヤーな気分になるので、そういうものだと適当に相づちを打っておく程度が無難です。かなりヘンタイなところもあります。

ゲッターズ飯田のひとこと

他人の才能を褒めることで自分も褒められるようになることを知るとよいでしょう。人を褒められない人は自分も褒められないものです。

183

アラフォーなのにミニスカートを穿く人は、お金に困る。

見栄でお金は出ていくが、年下の男性との恋愛運は上昇します。

運気という面で考えても、服装というのは年相応がいいようです。40歳前後で若く見せようとミニスカートを穿く女性は、お金に困ります。脚を出せば出すほど見栄でお金が出ていくのです。ご祝儀を多めに包んでしまったり、後輩にごちそうしたりしてしまっているかも。年をとってもミニスカートが似合ってこれしか穿けないという女性は、25歳くらいから年下の男性との恋愛運が出てきたはず。30歳を過ぎたら、10歳くらい年下を狙っても大丈夫です。

ゲッターズ飯田のひとこと

年相応の魅力を出せる人は、自分に自信があり、積み重ねがある。不自然な若さは実力のないことを露呈しているのです。

184

30歳過ぎてパーカの男は、飽きっぽい。

いつもパーカで、同じものを食べている人は、子どもっぽくて飽き性です。

30歳過ぎていつもTシャツやパーカなど襟のない服装をしている男性は、根が子どもっぽく「あのとき、こうしていれば」と言い訳ばかり口にします。そういう服装で同じものばかり食べている人はかなりの変わり者。そういうキャラクターでもうまくいくような新しいアイデアを練る仕事や宣伝の仕事には向いていています。パーカが悪いわけではないのですが、襟のない服装というのが子どもっぽさの象徴なのです。

ゲッターズ飯田のひとこと

人生につまずいたり、壁を感じたときは、イメチェンをするべき時期と一致することがあります。外見が変われば周囲からの扱いも変わるから。

185

リュックを背負う人は、卑屈。

「楽だから」という言い訳は自分の世界にこもらせてしまう魔法。

オタクな男性たちをたくさん観察していると、ほとんどがリュックを背負っているんです。「楽だから」という利便性を最重要視している人は自分の世界観にこもりがちなんでしょう。服装に「楽だから」を求めすぎるのは運気を下げます。おしゃれはちょっと我慢することから始まるとも言います。せめて周囲の人たちの雰囲気に合わせたほうが自分の運気も上がります。それにぼくもバイクでリュックの頃はよく職務質問をされたものです。

ゲッターズ飯田のひとこと

街でリュックはやっぱり変なんですよ。場所に合ったファッションができない人は、成長しません。

186

サングラスをかけたがる人は、根はロマンティスト。

ミステリアスな自分を演出。ドラマティックな恋を求めています。

ノーメイクをごまかすためにかけるのとは違って、サングラスをかけるのが大好きな人はミステリアスな自分を演出しています。デザインや美術の才能のある人が多く、ドラマティックな恋愛にのめり込みます。感情的になりやすく、愚痴が多くなってしまうこともあります。根はロマンティストで、ありえないことを真面目に考えているかもしれません。

ゲッターズ飯田のひとこと

夜になってまでサングラスをかけるのはプライドの高さを表しています。周囲から「夜なのに」と思われても動じない自我の強さもあります。

187

革製品にこだわる男は取引先やバイトに手を出す。

少し遠い場所に刺激を求めて浮気や不倫をしがちです。

革のジャケットや革のパンツ、あるいは革の尖った靴などをこれ見よがしに履いている男性は、少し遠い場所に刺激を求めます。ひょっとしたら取引先やバイトの女性を口説いているかも。また革靴にこだわっているものの、つま先の丸い靴を選ぶ男性は、性格がややいい加減でルーズ。もっと手近なアシスタント的な女性や秘書を狙っていそうです。

ゲッターズ飯田のひとこと

浪費家でカードで借金をしたり散財をする可能性もあるので、夫や恋人になったら、お小遣い制にしてお金を貯めておくとよいでしょう。

性格・性質・好み編

188

真っ赤な口紅の女は、おじさんおばさんを大事にする。

口紅は真っ赤と決めている人は、考えが堅く目上の人を大事にする。

「口紅というくらいだから赤に決まっているでしょ」という人は、頑固で意地っ張りな性格。昔気質だからか、年上の人を大切にする傾向があり、特におじさんおばさんを大事にする人が多いでしょう。口紅をつけない人は、友達のように人と仲良くはなれますが、上下関係は苦手な人が多いようです。

ゲッターズ飯田のひとこと

男性は真っ赤な口紅が苦手という人も多いようです。恋ではガードが堅く見られてしまうので、柔軟な発想を心がけておくとよいでしょう。

189

名刺入れがメタリックな人はKY。

空気を読めないのではなく、空気を読まない。起業で成功するでしょう。

ステンレスなど、銀色のメタリックな名刺入れをもっている人は、男女問わず空気を読むのが苦手です。あまり上下関係をきちんとするのも苦手。でも行動力があり、思いもかけないところでアイデアをひらめかせるので、新しい職種の仕事ではぐんぐん伸びる可能性もあります。起業系でも成功の確率が高そうです。ベンチャー系の社長には空気を読まないタイプが多いです。

ゲッターズ飯田のひとこと

無機質な部屋やステンレス素材の家具をそろえる人は、コミュニケーション能力がやや弱い場合もあります。

身体的特徴・体質編

恋愛・女性編

恋愛・男性編

恋愛・ユニセックス編

性格・性質・好み編

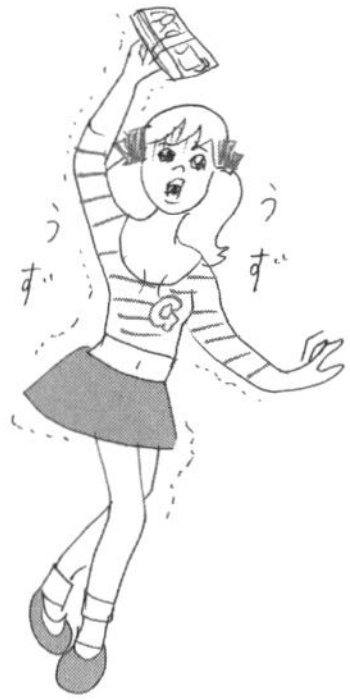

身体的特徴・体質編

190

外見が美しい女は注意力が散漫。

外見が美しいからこそ、おっちょこちょいが出たときのギャップが大きい!?

Check!

本人も外見に気がいっているので、その分、ほかに抜けてくるところが出るのでしょうか。外見が美しい人は意外におっちょこちょいです。いや、外見が美しいからこそ、そのギャップが強調されてしまうのかも。

身体的特徴・体質編

191

よく転ぶ人は押しに弱い。

相手の気持ちを早く知りたい人も、よく転びます。

Check!

段差もあまりない場所でもつまずいたり、転倒することが多い人は足元をよく見ていません。恋愛でも本質を見抜く前に押し切られて交際をスタートしてしまうことが多く、せっかちな恋になりがちです。

192

手の小さい人は短気。大きい人は優柔不断。

よくいえば手の小さい人は判断が早い。手の大きい人はおおらか。

Check!

手の小さい人は判断が早いですが、怒りっぽくてやや短気。恋ではひと目惚れが多く好みがはっきりしています。手の大きな人はおおらかでのんびり。優柔不断で判断力に欠けるので、恋愛でも押しに弱い傾向が。

193

おっぱいが離れている人は浪費癖がある。

離れるほどに金遣いが荒い傾向が。「寄せるブラ」で改善可能！

Check!

左右のおっぱいの間が指2本以上離れている人は浪費癖があり、開いている度合いが広いほどお金遣いが荒い傾向があります。寄せるブラを使うことで金銭感覚もしっかりするようになるので試してみましょう。

Check!

194

耳の長い人は長生き。

仙人の耳が長く描かれているのも、そんないわれからでしょうか。

耳の長い人は昔から長寿だといわれています。仙人の描かれた絵などを見ると、必ず耳が長くて顔の半分くらいあったりします。耳たぶがぽってりしている福耳がお金持ちになるのも、かなりの確率です。

Check!

195

眉尻にほくろがある人は、よく転ぶ。

女性限定。眉尻にほくろがある人は足首の動きが悪い人が多い。

女性で眉尻にほくろのある人は、足首の動きが悪い人が多く、過去に大きなケガをしたことがあるか、日常からよく転んだり、足をぶつけたりする可能性が高いようです。身体的特徴からの占いは謎が多いですが。

196

爪が四角い人は真面目。丸い人はいい加減。

第一印象で指の爪の形をチェック。爪の丸い人との約束には要注意。

Check!

手の指の爪が四角い人は真面目に物事を考える人が多く、ルールやマナーにうるさくなり、自分にも他人にも厳しいところがあります。爪の丸い人はユーモアのセンスがありますが、天真爛漫でお気楽者が多い。

197

おなかにぜい肉がつきやすい女はお金が大好き。

一方、脚にぜい肉がついている先輩にはごちそうしてもらえます。

Check!

小銭にこだわったり、現金が大好きな女性は、おなか回りにだけ肉がつきやすいようです。脚に肉がつく人は後輩にごちそうしてしまう傾向が。両方に肉がつくタイプはごちそうはするけど安い店になりそうです。

198

鼻や喉がぐずぐずしている人はお金持ちになる。

鼻や喉がぐずぐずしている人とは友達になっておくべき。

Check!

生まれつき鼻炎持ちだったり、喉の弱い人は、運がよく、自分でも驚く出会いがあったり交友関係が広がるでしょう。「まあいいや」が口癖の場合は、さらに大金持ちになる可能性があります。

199

前髪をパッツンすると、人間関係が悪くなる。

おでこは情報と人脈を表す。前髪で隠すスタイルは人間関係を狭めます。

Check!

おでこを隠す前髪パッツン・スタイルをしていると、人間関係が悪くなったり、交友関係が狭くなります。おでこは情報と人脈を表し、出したほうが幸運を呼び込む。眉と眉の間に髪がある人は女性系の病気に注意。

200

ベジタリアンは芸術系の人が多い。

ベジタリアンを続けられる人はクリエイター気質です。

Check!

芸術家や美術の才能がある人は菜食主義者になりがちです。理論立てて物事を考えるのが好きな人が多い。食事のバランスが偏っても平気な人は、とりわけクリエイターの才能があるでしょう。

201

精力が強い人は、丸いものとチョコが大好き。

気になる人がチョコボールをよく買っていたら、草食男子ではない、と判断。

Check!

セックスが大好きで精力の強い人は、チョコレートが大好きで、アクセサリーや身の回りのものに丸みがある物を好んで購入します。機嫌のよしあしがわかりやすい場合はさらにセックスが大好きでしょう。

202

1月に足をケガする人は、勉強が嫌い。

恋愛していないと運気が低迷する人も、1月が要注意。

Check!

毎年、新年になると必ずケガをしたり、病気をする人は、仕事や勉強が嫌いな人が多いようです。また恋愛をしていないと運気が低迷しやすい人も1月にケガをしたり、病気になりやすい傾向があります。

203

12月に風邪をひくのは、時代遅れの人が多い。

一人が好きな人はさらに、考えすぎて波に乗り遅れる可能性があります。

Check!

毎年、12月になると風邪をひいてしまったり、必ず年末に体調を崩すという人は、流行に乗り遅れたり、考えすぎてしまう傾向のある人が多い。さらに一人でいるのが一番自由だと思う人は時代の波に乗れません。

204

夏風邪をひく人は夜に強い。

夜働いている人は、夏風邪をひきやすいものです。

Check!

毎年、夏になると必ず風邪をひいてしまったり、体調が崩れる人は、夜になると突然元気になったり、夜更かしをしても平気だったりするようです。その特性を生かすので、夜の仕事をしている人が多いのかも。

205

おへそが縦に長い人は浪費癖がある。

おへその形は金銭感覚を表しています。

Check!

おへそが縦にまっすぐ長い人は、浪費癖があったり、無駄な買い物が多くなってしまう傾向があります。不要なものをどうしても欲しいと思い込んで買ってしまったり、衝動買いが多くなるタイプのようです。

206

短い髪の女は過去の恋にこだわる。

失恋していちいち髪を切るのは、逆に忘れられないからかも。

Check!

常に短めの髪型をする女性は、前向きなタイプのように見えて、過去のことをいつまでも忘れられないタイプ。さっぱりした感じに見えてけっこうじっとりしていますが、感謝や恩義も忘れない律儀なところがあります。

207

おっぱいが上向きで背が低い人は、プレイガール気質。

抜け目なく、恋のハンターになる最強の肉食系女子。

Check!

おっぱいがつんと上を向いている女性は、一人の男性では満足できない人が多く、さらに身長が低い場合はセックスが大好き。一見、身持ちが堅そうでも、意外に肉食系女子になる傾向が強いです。

208

よく転ぶ人は女社長に向いている。

慎重にものを考えすぎず、足元を見ていないほうがトップには向いています。

知らないうちにどこかに腕をぶつけてしょっちゅう青あざをつくっていたり、よく転ぶようなおっちょこちょいな女性は実は社長に向いています。足元を見ていないのです。あまり慎重に物事を考えすぎたり、きっちりとお金勘定するような人はどちらかというと二番手、三番手に向いています。人の話を自分の聞きたいところしか聞いていなかったり、早とちりスレスレな聞き方をする人もトップの才能がありそうです。

ゲッターズ飯田のひとこと

仕切りたがる積極的な女性は、行動が雑で不器用。周囲が心配になって手助けしてくれるので人の扱いが楽になるのです。

209

胃腸が弱い男は生意気な女が好き。

健康そうで胃腸だけが弱っている男性は、引っ張っていってほしい願望あり。

体が丈夫な男性はかえって胃腸が弱っていることに気づかず、おなかがピーピーになることが多いようです。こういう男性は生意気で意地っ張りな女性が好み。特に肌が褐色で、気さくに付き合える男の子の心をもった女性にぞっこんになります。付き合い始めたらジャージでデートしていても全然平気で、むしろ好きかもしれません。上から目線の言葉に勝手にゾクゾクしています。

ゲッターズ飯田のひとこと

Hはスポーツだと思っていて、さわやかな汗を流します。一緒にスポーツができたり、対等で気さくで気楽な女性を好みます。

210

指先が不器用な男はすぐばれるような嘘をつく。

「すぐバレるような」というか「真面目に聞くとうざい」嘘です。

細かい手仕事が苦手でゴキブリホイホイも作れないような男性、「ちょっとオレに貸してみろ」となんでもやりたがる割には壊してしまうような男性はすぐバレるようなくだらない嘘をつきます。一緒に残業していたくせに「昨日、オレ、ちょっと温泉行ってたからさ」というような、けっこうどうでもいい嘘です。ウケ狙いなのかもしれませんが、真面目に聞くとうざいです。

ゲッターズ飯田のひとこと

この男は、好意を寄せて逃げるフリをすると簡単に引っかかるでしょう。自分に好意を寄せる人を手放したくない人でしょう。

211 夏でもストッキングを穿く人は恋に不器用。

根が真面目で考え込むほど体質的に新陳代謝が悪くなるようです。

基本的に冷え性な女ほど浮気をしません。根が真面目なほど新陳代謝が悪くなるのです。じっと思い込むというのは、体の新陳代謝とは反対の行動なのかも。ただ、むっつりすけべな可能性もあります。こういう女性があるときからナマ脚派になると、恋愛が何よりも大事になって暴走する可能性もあります。根底に常識があるのでストーカーになるというタイプではありません。一途で真面目な人ですから、結婚するには向いていています。

ゲッターズ飯田のひとこと

冷え性な女性はお金を貯めることが一見上手そうに見えますが、小銭しか貯まらない傾向もあります。大金は任せないほうがいいかも。

212 匂いフェチな人は不思議ちゃんを好きになる。

特に男性なのにアロマをたいていたりする人は、ヘンな女に引っかかります。

香水、ルームフレグランス、柔軟剤などすべての香りにこだわりのある人は異性に対しても細かいこだわりをもっています。男性なのにアロマをたいていたりする人は女を見る目がなく、ヘンな女に引っかかります。総じて結婚願望のない人が多く、恋愛どまりで、エッチをしても1~2回で自分から飽きてしまいます。よく言えば、変化が好きで繊細な心をもっているのでしょう。匂いフェチには時々、超マザコンやなぜか親を恨んでいる人もいます。

ゲッターズ飯田のひとこと

恋は去る者は追わないので、冗談でも「別れる」と言うと「はい。さようなら」になるので気をつけましょう。

213 つま先で階段を上る女は、独身体質。

ぺたんこのスニーカー、高すぎるヒールはどちらも結婚運を遠ざけます。

これもぼくの単なる観察からの言葉です。彼氏がいたり、結婚したりしている人はだいたい階段を上るとき、しっかり足を着地しています。妊娠していたり、小さい子どもを育てている場合は危険ですから当たり前ですよね。スニーカーは色気がなさすぎますが、9センチ以上のヒールを日常履く女性も我が強すぎる傾向があります。独身の人のほうが足元を見ていないような気がします。もし結婚したかったら、普通のヒールの靴を履いている人が無難。

ゲッターズ飯田のひとこと

安定した生活を望んでいる人は、安定した靴を履くし、安定した歩き方をします。しっかり者はしっかり大地を踏むのでしょうね。

214

冬になると太る女はコンパでお持ち帰りされやすい。

性格的にノリがいい星と、瞬発力があるという星がリンクしています。

冬になると太る女性は遊びの場で幸運な星をもっています。こういう女性は、性格的にノリがよく、瞬発力も兼ね備えています。だからコンパなどで思い切りその場が盛り上がると、そこに一番自分を乗せやすいし、流れに身を任せやすいのです。なぜかこの遊びの星と、冬場にはやや体調が崩れ、太りやすくなるという星がリンクしています。

ゲッターズ飯田のひとこと

普段はスリムな体型でも冬になると必ず太る人は、根は遊び人でノリに圧倒的に弱い人でしょう。ワガママはホドホドに。

215 ピアスの数が多いほど、貯金はない。

体に穴を開ければ開けるほど、お財布にも穴があくのです。

何かと出費が多く、欲しいからとすぐに買ってしまう人は、体に傷を入れる星をもっています。ピアスや整形をしたりすることにも恐怖心がないはずです。ピアスの数が多いほどお金はないと判断しましょう。体に穴を開ける行為は、親と切れたいという人にも多いようですが、お財布にも穴があくと覚えておいてください。着実に安定してお金持ちになりたかったら、金髪とピアスは男女ともにやめたほうが無難です。

ゲッターズ飯田のひとこと

ピアスは開けて2つまで。これ以上は貧乏になるだけです。特別才能をもった人や芸術家は別ですが。

216 眉毛ぼうぼうの女は、遊ばれやすい。

恋愛運を上げるには、眉と眉の間の毛は抜くか剃り、柳眉に優しく整えて。

顔相学では眉毛あたりの相は異性との関係性を表しているようです。眉毛の整え方で恋愛のありようが変わってきます。眉と眉の間が汚いと下半身が不潔になりがち。眉毛がぼうぼうのままだと、男性に遊ばれやすくなります。ムダな毛は抜いたり剃ったりして優しい柳眉に整えると、男運が上がります。短すぎたり細すぎたりもダメです。男性で眉毛ぼうぼうの男は威圧的で、女性より優位に立ちたがり、人をこき使う傾向があります。

ゲッターズ飯田のひとこと

眉と眉の間が開きすぎている女性は「来る者拒まず」の傾向が。ダメ男に引っかかって他人から指摘されてもなかなか気づきません。

217 鼻毛が出ている女は、仕事ができる。

占いの根拠はナシ。ぼくが3万人見てきたデータから思ったことです。

これは占い的にはまったく根拠がありません。ボーダーを着る女はモテないというのと同じで、ぼくが占いに来てくれる3万人くらいの人を見てきたデータです。ばりばり働いて女社長になっている人、たまたま仕事ができる女性に鼻毛が出ていたことが多かっただけです。男性ホルモンがいっぱい出ているからでしょうか。鼻息が荒いからでしょうか。よくわかりません。

ゲッターズ飯田のひとこと

外見を磨くことよりも、自分の仕事への責任感や達成感に一生懸命になれる人は、好きな仕事が見つかると凄いことになります。

218 イケメン男に、いい人はいない。

いい年をして男性のルックスにこだわっている女性は幸せになれません。

失恋や浮気、ダメンズに引っかかって困っているといった相談で95％次に出てくる言葉が「すごくイケメンで優しいと思ったのに」です。要するにイケメンにはいい人はいない、ということです。なぜ女性はそのことに気づかないのでしょうか。いい年をしてルックスにこだわっている人は間違いなく幸せになれません。経済力のある人、面倒見のいい人にイケメンはほとんどいません。ルックスが良すぎると社会では男性の嫉妬にもあうのでしょう。

ゲッターズ飯田のひとこと

モデルや芸能人は良いですが、イケメンなだけではご飯は食べられません。ホストにもそれなりの努力が必要。仕事ができてこそです。

219 太った男は、過ぎ去ったことを忘れやすい。

全体的に丸く太っている人はもともと性格が適当。おなかだけ出るのは偏屈。

おなかだけが出ているとか、下半身だけ太っているという偏った太り方ではなく、全部のパーツが丸く太っている人は、もともと性格も丸くて適当なので、過ぎ去ったことを忘れるのが早いです。おなかだけが太っている人は性格も偏屈で、食べ物の恨みが強い傾向があります。

ゲッターズ飯田のひとこと

太っている人の多くは楽観主義で何とかなると思って生きているでしょう。意外ですが、この人もダンスを踊ると運気が上がる人です。

220 マッシュルームカットの男は、粘り強い。

プライベートで意外な人脈をつくっている可能性もあるから、侮れない。

流行や常識とはまるで無縁に、ヘンな髪型を貫いている人は、性格的にしつこいところをもっています。芯が強く、変なところで頑固さを前面に出して融通が利きません。ところが丸みのある髪型は一方で意外な人脈をつくることができ「どこどこの社長さんは飲み仲間だよ」としれっと言うこともあります。行きつけの居酒屋などで常連から人脈を広げるのも得意です。

ゲッターズ飯田のひとこと

一度決めた髪型を周囲からなんと言われても変えない頑固な人は、根性があり、恋愛は一目惚れで、その気持ちが長く続くようです。

221 ボブの女は、計画性がない。

一見、仕事ができそうだが、段取りや計算が苦手。裏遊び人気質が出ます。

髪型をボブスタイルにしている女性は、一見、テキパキと仕事ができそうに見えますが、実は段取りや計算は苦手です。決めたことを変えられないくせに、心がブレがちという複雑なところもあります。恋愛面ではけっこう裏遊び人。ある日突然、遊びにはまってしまうことも。髪が短いと表面的に頑固さが出ます。また髪が長くてストレートな人は表面的にはこだわりがなさそうですが、裏側に頑固さがあり、そのツボにはまると意見を変えません。

ゲッターズ飯田のひとこと

髪型でもとの性格もかなり変わります。常に髪型がボブな人は、スロースターターでもあります。じっくりできる仕事の場合は高評価が。

222 無精ヒゲをオシャレに見せられる男は、逆玉を狙う。

「おごるわよ」と、高級品のプレゼントで完全に落ちます。

若いときにイケメンな男ほど仕事ができず、オシャレな男ほどお金持ちな女が好きです。こういう男はある程度の年齢になると無精ヒゲをオシャレに見せますが、完全に逆玉を狙っています。自分の見せ方を知っているのでエッチはうまいでしょう。高級なブランド品をプレゼントしてお金を稼げる女だとアピールしたり「おごるよ」と言うと落ちます。でも女性の立場からすると、ずっと貢がなくてはならないので、一生ものとしては考えものです。

ゲッターズ飯田のひとこと

旬のファッションがオシャレな男性の多くは、あわよくば自分よりお金のある女性をつかまえたいのです。オシャレな男は養わねばと心して。

223

最新ビジネス誌を必ずチェックする男はヒモ体質。

ビジネス通？と誤解しないように。恋人の財布をあてにしています。

最新のビジネス誌などを嬉しそうにもっていて知性があるかのようにふるまう男は、自分は働く気がありません。ちょっとでも楽してお金がもらえることがないかという情報が欲しいだけです。こういう男性は付き合うと女性の経済力も完全にあてにします。いわゆる「ヒモ体質」なので甘やかすとどんどん楽な方向に流れます。世の中にはそんなに甘いことはないということを早めに教えてあげたほうがいいでしょう。

ゲッターズ飯田のひとこと

情報が好きな男はお金が大好きで、同期や同僚に収入で負けると本気で凹むタイプでしょう。夜はHそのものよりも、単にイチャイチャが好き。

224 まつげ命の女は、疲れていてもセックスは欠かせない。

肌と肌とのふれあいが欠かせず、恋愛に依存しがちな面が強くなります。

目元を強調するメイクの女性は恋愛メインの生活をしがちです。目立ちたがり屋なところもあります。普段はおとなしいタイプだとしても、エッチになるとガラッと性格が変わり、快楽を追求して男を驚かせます。肌と肌とのふれあいが欠かせない人なのです。電車の中でつけまつげをつけているような人はほぼこのタイプ。電車の中でメイクするなんて200%不細工になるのになんでやるんでしょうね。年齢を重ねるといずれデブにもなります。

ゲッターズ飯田のひとこと

人に執着する人ほど目元を強調させたくなるようです。恋人に依存してボロボロになってしまうこともあるでしょう。

ゲッターズ飯田が推奨する

五星三心占いで、モテ期&金運をつかむ!

五星三心占いの導き出し方

1 自分の生まれ年(横軸)と月(縦軸)が交わる数字に自分の誕生日を足す。

2 61を超えた場合は、60を引く。60以内の場合はそのまま。

3 最後の表に照らし合わせ、自分の生まれ年の奇数偶数で、自分のカテゴリーがわかる。

例) 1989年3月20日生まれの場合は、**1989年**と3月が交わる部分が「**56**」。
56+20(**生まれた日**)=76
61を超えるので、76−60=**16**
16の**奇数年**なので、
表に照らし合わせ、
「**銀のインディアン**」。

	1月	2月	3月	4月	5月	6月	7月	8月	9月	10月	11月	12月
1940年	39	10	39	10	40	11	41	12	43	13	44	14
1941年	45	16	44	15	45	16	46	17	48	18	49	19
1942年	50	21	49	20	50	21	51	22	53	23	54	24
1943年	55	26	54	25	55	26	56	27	58	28	59	29
1944年	0	31	0	31	1	32	2	33	4	34	5	35
1945年	6	37	5	36	6	37	7	38	9	39	10	40
1946年	11	42	10	41	11	42	12	43	14	44	15	45
1947年	16	47	15	46	16	47	17	48	19	49	20	50
1948年	21	52	21	52	22	53	23	54	25	55	26	56
1949年	27	58	26	57	27	58	28	59	30	0	31	1
1950年	32	3	31	2	32	3	33	4	35	5	36	6
1951年	37	8	36	7	37	8	38	9	40	10	41	11
1952年	42	13	42	13	43	14	44	15	46	16	47	17
1953年	48	19	47	18	48	19	49	20	51	21	52	22
1954年	53	24	52	23	53	24	54	25	56	26	57	27
1955年	58	29	57	28	58	29	59	30	1	31	2	32
1956年	3	34	3	34	4	35	5	36	7	37	8	38
1957年	9	40	8	39	9	40	10	41	12	42	13	43
1958年	14	45	13	44	14	45	15	46	17	47	18	48
1959年	19	50	18	49	19	50	20	51	22	52	23	53
1960年	24	55	24	55	25	56	26	57	28	58	29	59
1961年	30	1	29	0	30	1	31	2	33	3	34	4
1962年	35	6	34	5	35	6	36	7	38	8	39	9
1963年	40	11	39	10	40	11	41	12	43	13	44	14
1964年	45	16	45	16	46	17	47	18	49	19	50	20
1965年	51	22	50	21	51	22	52	23	54	24	55	25
1966年	56	27	55	26	56	27	57	28	59	29	0	30
1967年	1	32	0	31	1	32	2	33	4	34	5	35
1968年	6	37	6	37	7	38	8	39	10	40	11	41
1969年	12	43	11	42	12	43	13	44	15	45	16	46
1970年	17	48	16	47	17	48	18	49	20	50	21	51
1971年	22	53	21	52	22	53	23	54	25	55	26	56
1972年	27	58	27	58	28	59	29	0	31	1	32	2
1973年	33	4	32	3	33	4	34	5	36	6	37	7
1974年	38	9	37	8	38	9	39	10	41	11	42	12
1975年	43	14	42	13	43	14	44	15	46	16	47	17
1976年	48	19	48	19	49	20	50	21	52	22	53	23
1977年	54	25	53	24	54	25	55	26	57	27	58	28

	1月	2月	3月	4月	5月	6月	7月	8月	9月	10月	11月	12月
1978年	59	30	58	29	59	30	0	31	2	32	3	33
1979年	4	35	3	34	4	35	5	36	7	37	8	38
1980年	9	40	9	40	10	41	11	42	13	43	14	44
1981年	15	46	14	45	15	46	16	47	18	48	19	49
1982年	20	51	19	50	20	51	21	52	23	53	24	54
1983年	25	56	24	55	25	56	26	57	28	58	29	59
1984年	30	1	30	1	31	2	32	3	34	4	35	5
1985年	36	7	35	6	36	7	37	8	39	9	40	10
1986年	41	12	40	11	41	12	42	13	44	14	45	15
1987年	46	17	45	16	46	17	47	18	49	19	50	20
1988年	51	22	51	22	52	23	53	24	55	25	56	26
1989年	57	28	56	27	57	28	58	29	0	30	1	31
1990年	2	33	1	32	2	33	3	34	5	35	6	36
1991年	7	38	6	37	7	38	8	39	10	40	11	41
1992年	12	43	12	43	13	44	14	45	16	46	17	47
1993年	18	49	17	48	18	49	19	50	21	51	22	52
1994年	23	54	22	53	23	54	24	55	26	56	27	57
1995年	28	59	27	58	28	59	29	0	31	1	32	2
1996年	33	4	33	4	34	5	35	6	37	7	38	8
1997年	39	10	38	9	39	10	40	11	42	12	43	13
1998年	44	15	43	14	44	15	45	16	47	17	48	18
1999年	49	20	48	19	49	20	50	21	52	22	53	23
2000年	54	25	54	25	55	26	56	27	58	28	59	29
2001年	0	31	59	30	0	31	1	32	3	33	4	34
2002年	5	36	4	35	5	36	6	37	8	38	9	39
2003年	10	41	9	40	10	41	11	42	13	43	14	44
2004年	15	46	15	46	16	47	17	48	19	49	20	50
2005年	21	52	20	51	21	52	22	53	24	54	25	55
2006年	26	57	25	56	26	57	27	58	29	59	30	0
2007年	31	2	30	1	31	2	32	3	34	4	35	5
2008年	36	7	36	7	37	8	38	9	40	10	41	11
2009年	42	13	41	12	42	13	43	14	45	15	46	16
2010年	47	18	46	17	47	18	48	19	50	20	51	21
2011年	52	23	51	22	52	23	53	24	55	25	56	26
2012年	57	28	57	28	58	29	59	30	1	31	2	32
2013年	3	34	2	33	3	34	4	35	6	36	7	37
2014年	8	39	7	38	8	39	9	40	11	41	12	42
2015年	13	44	12	43	13	44	14	45	16	46	17	47
2016年	18	49	18	49	19	50	20	51	22	52	23	53
2017年	24	55	23	54	24	55	25	56	27	57	28	58
2018年	29	0	28	59	29	0	30	1	32	2	33	3
2019年	34	5	33	4	34	5	35	6	37	7	38	8
2020年	39	10	39	10	40	11	41	12	43	13	44	14

カテゴリー	合計	生まれ年(西暦)
金のイルカ	51〜60	偶数年
銀のイルカ	51〜60	奇数年
金のカメレオン	41〜50	偶数年
銀のカメレオン	41〜50	奇数年
金の時計	31〜40	偶数年
銀の時計	31〜40	奇数年
金の鳳凰	21〜30	偶数年
銀の鳳凰	21〜30	奇数年
金のインディアン	11〜20	偶数年
銀のインディアン	11〜20	奇数年
金の羅針盤	1〜10	偶数年
銀の羅針盤	1〜10	奇数年

五星三心占いで知る、「モテ期」「裏モテ期」

モテ期と裏モテ期

誰にでも生涯に３度は「モテ期がある」といわれています。たいてい、このモテ期は全部が同じだと思われていますが、実は２種類あるのです。ひとつは「自分の好みや理想に近い相手からモテる時期」。もうひとつは「自分の好みではない人からモテる時期」です。

またモテ期に鈍感な人は、モテ期に入っているのに異性からの誘いを冗談や嘘だと思ってしまったり、引いてしまってチャンスを逃す場合や、モテ期は仕事運も急激にアップすることが多いため、仕事にばかり時間を使ってしまい、恋愛のタイミングを逃してしまうこともあるようです。

さらに今回、せっかくぼくの占いに出合ったのですから裏モテ期に注目してください。この時期は、今まで好みではなかったタイプや、出会い方もこれまでとは違った方法で現れる場合が多く、ひと目惚れしたことがない人ほど一瞬で恋に走ってしまったり、一夜の恋になってしまうことも多いようです。ただ「いつもと違う相手」なわけですから、うまく利用すれば、絶対に手の届かないタイプの人と付き合える可能性もあるわけです。

ここでは 2027 年までのモテ年とモテ月を簡単な計算で出しました。自分と気になる相手のモテ期、裏モテ期を調べ、どういうタイミングで出会ったかで、相手が求めているものもわかります。自分の理想がわかっていない人も、モテ期に出会う異性をよく観察しましょう。

金のイルカ

モテ期 2016〜2018 年　**超モテ期** 2017 年 9 月　**プチモテ期** 毎年 6〜9 月
超モテ期はお互いを高め合うことができる最高の相手と出会える時期。フットワークが軽くパワフルで発言力のある、スマートでスタイリッシュな人が現れるかも。

裏モテ期 2019〜2020 年　**超裏モテ期** 2020 年 11 月　**プチ裏モテ期** 毎年 11〜12 月　考え方が古く、頑固で忍耐強い人を好きになりそう。流行と逆行したり自分のペースを貫き通し、控えめな感じでも言葉は厳しい頑固な相手が現れても恋に発展しそう。

銀のイルカ

モテ期 2017〜2019 年　**超モテ期** 2018 年 10 月　**プチモテ期** 毎年 7〜10 月　頼りがいがあって自由にさせてくれる包容力のある理想の相手が現れます。アートや美意識も高く、多才で遊びもしっかりできて経済感覚がしっかりした人を堂々と狙って！

裏モテ期 2020〜2021 年　**超裏モテ期** 2021 年 12 月　**プチ裏モテ期** 毎年 1 月、12 月　いつもは汗臭いと思っている男社会にどっぷりつかった「ザ・体育会系」の人が近寄ってきます。上下関係や伝統にうるさく、無口で一途な少し不器用な相手と恋をする時期。

金のカメレオン

モテ期 2018〜2020 年　**超モテ期** 2019 年 11 月　**プチモテ期** 毎年 8〜11 月
心から安心できる、知的好奇心が旺盛で指先が器用なタイプが現れます。理系の勉強や仕事をしている人に注目。頭が良く、古い考え方を大切にする大人っぽい人と恋に落ちそう。

裏モテ期 2021〜2022 年　**超裏モテ期** 2022 年 1 月　**プチ裏モテ期** 毎年 1〜2 月　いつもはあまり信用できない、おしゃれにうるさい繊細なタイプにひかれます。世の中の動きには敏感で情報通。一見、少し子どもっぽく支配されることを嫌がる相手が近づきそう。

銀のカメレオン

モテ期 2019〜2021 年　**超モテ期** 2020 年 12 月　**プチモテ期** 毎年 9〜12 月
経済力と美的センスがある大人な相手が理想像。伝統芸能やアートにも詳しく、グルメでしゃれたデートのできる人がついに現れます。料理とカラオケ好きに注目しましょう。

裏モテ期 2021 年〜2023 年　**超裏モテ期** 2023 年 2 月　**プチ裏モテ期** 毎年 2〜3 月　精神的にしっかりしていて束縛もしないマイペースな相手が現れます。あなたのことをあまりかまってはくれませんが、仕事や趣味に一生懸命な姿にほろりときそう。

金の時計

モテ期 2020〜2022 年　**超モテ期** 2021 年 1 月　**プチモテ期** 毎年 1 月、10〜12 月　他人に優しくて交友関係が広く、アーティスト的な独自の感覚を持った、理想の夢追い人がそばにいるでしょう。向上心のある華やかなムードの相手と恋ができる時期です。

裏モテ期 2023 年〜2024 年　**超裏モテ期** 2024 年 3 月　**プチ裏モテ期** 毎年 3〜4 月　美意識が高く、自分の好きな世界の話なら何度でも語れる年上の相手が現れる時期。少し窮屈でもあなたの知らないことをいろいろ知っているところにひかれそうです。

銀の時計

モテ期 2021〜2023 年　**超モテ期** 2022 年 2 月　**プチモテ期** 毎年 1〜2 月、11〜12 月　友達感覚で仲良くなれる気さくな理想の相手が現れます。サービス精神が豊富で誰にでも優しく、社会貢献や奉仕精神もあって面倒見がよく、情にもろい相手と恋をする時期。

裏モテ期 2024 年〜2025 年　**超裏モテ期** 2025 年 4 月　**プチ裏モテ期** 毎年 4〜5 月　交友関係は狭く、細身で神経質な感じの人になぜかひかれます。真面目そうだけど、実はガサツで要領重視。やや打算的な物の考え方をする歴史に詳しい相手がいたらその人かも。

金の鳳凰

モテ期 2022〜2023 年　**超モテ期** 2023 年 3 月　**プチモテ期** 毎年 1〜3 月、12 月　尽くしたいあなたなので、骨っぽく自分の信じた道に突き進む職人気質な相手が現れます。組織の中で日々努力していて、異性の前では言葉数が少ないタイプと恋をする時期。

裏モテ期 2025〜2026 年　**超裏モテ期** 2026 年 5 月　**プチ裏モテ期** 毎年 5〜6 月　自分の楽しみを最優先にし、相手を自分の支配下に置く、ちょっとワルいタイプを好きになってしまいそう。外ヅラが良く、感性豊かでファッショナブルな遊び人に注意。

銀の鳳凰

モテ期 2023 年　**超モテ期** 2024 年 4 月　**プチモテ期** 毎年 1〜4 月　恋愛が不器用で自分の思い描いた道に突き進む理想のタイプが現れます。冷静で忍耐強く、自分のセンスを信じて同じスタイルを貫き通す、少し古いタイプの異性をチェックして。

裏モテ期 2026〜2027 年　**超裏モテ期** 2027 年 6 月　**プチ裏モテ期** 毎年 7 月　理性的で仕事では発言権がある、人当たりの良いタイプにひかれます。いつもなら「軽い」と思うのですが、この時期は自己表現ができて尊敬できる相手だと思えそう。

金のインディアン

モテ期 2024年 **超モテ期** 2025年5月 **プチモテ期** 毎年2〜5月 恋人の行動を束縛しない自由な交際を望むあなたにぴったりの、一人の時間をお互い大事にできる相手が現れます。情報通で瞬発力もあるため、常に慌ただしく忙しい相手かも。

裏モテ期 2016年 **超裏モテ期** 2016年7月 **プチ裏モテ期** 毎年7〜8月 この時期は珍しく落ち着きを求めるあなた。料理や歌が好きで、経済力や権力があり、美的センスや感性が豊かで、流行に流されない本物志向の大人の相手と恋をする時期。

銀のインディアン

モテ期 2025年 **超モテ期** 2026年6月 **プチモテ期** 毎年3〜6月 あなたのマイペースを認めてくれる、自由奔放で心の若さを失わない相手が登場。ファッションセンスも良く、話し好きで、経済や情報に敏感でリードしてくれる相手です。

裏モテ期 2016〜2017年 **超裏モテ期** 2017年8月 **プチ裏モテ期** 毎年8〜9月 落ち着きがある印象の人にひかれるようになります。やや猜疑心がありますが、物の値打ちをしっかり見極め、伝統や芸術など古い価値のあることが好きで、機械に詳しい人に注目。

金の羅針盤

モテ期 2016年 **超モテ期** 2027年7月 **プチモテ期** 毎年4〜7月 細身で一見頼りなさそうに見えても、どことなく上品な、好みのタイプが現れます。伝統や歴史に詳しくてアート系の趣味を持っている、育ちが良い相手には積極的に。

裏モテ期 2017〜2018年 **超裏モテ期** 2018年9月 **プチ裏モテ期** 毎年9〜10月 気さくでざっくばらんに付き合える情報通の相手と出会えそう。いつもは友達のレベルを越えない人ですが、人の意見を受け入れる優しさ、交友関係の広さにぐっとくるかも。

銀の羅針盤

モテ期 2016〜2017年 **超モテ期** 2016年8月 **プチモテ期** 毎年5〜8月
上司や親など目上の人が喜ぶ、育ちも品も良い相手が現れます。経済力がありますが、派手に遊ぶことのない真面目な相手で、まさに結婚相手にはぴったりでしょう。

裏モテ期 2018〜2019年 **超裏モテ期** 2019年10月 **プチ裏モテ期** 毎年10〜11月 いつもは敬遠しがちな、マイペースで常識にこだわらない相手にひかれます。好きなことに打ち込み他人のために頑張れる人で、案外素敵。自分の生き方を語る相手でしょう。

五星三心占いで知る、金運を上げる方法

何事もタイミングが大切。

ぼくへの相談の多くに「お金持ちになりたい」「いつになったら収入がアップするのか」「宝くじは当たりますか」などがあります。

お金持ちになったからといって幸せになるとは限りません。「お金はないと不幸だけど、お金があるからといって幸せとは限らない」。この言葉のとおりだとぼくも思いますが、それはお金を得た人しか感じられないことなのかもしれません。

では、どうすれば今よりも収入をアップさせることができるか。「○○色の財布をもつ」とか「金運の上がる神社に参拝をする」とか、占いが基準でなくても、いろいろな方法がありますが、どれも気休めだったり効果がいまいちな場合が多いです。それは金運を上げるタイミングがわかっていないから。引っ越しや家を買うときには占いで方位やタイミングを調べるのに、同じように大切な財布や通帳を作るときになぜタイミングを調べないのでしょう？　たくさんの人を占わせてもらったぼくには、お金持ちや成功者の多くが自然にあるタイミングで新しいことを始めたり、購入をしていることがわかりました。

簡単な計算で出せる12のカテゴリーごとに、今回は2027年までの金運と金運を上げる方法や注意点などをお伝えします。財布を購入するタイミングや転職などの参考にしてもらえるとよいでしょう。

金のイルカ

● 金運アップ時期　8～10月　● 財布を購入すると良い時期　9月　● 宝くじ当たる可能性がある時期　12月　● 金運アップ時期　2016～2018年　● 財布を購入すると良い時期　2017年　● 宝くじ当たる可能性がある時期　2020年

お金が欲しいなら、お金だけのことを考えて生きてください。友人や知人がいなくても人からなんと言われようが、お金のことだけを考えて生きることで大金持ちになれるタイプです。ただそれで成功しても、手段を問わないやり方で周囲からの評判が悪くなる場合も多いです。

銀のイルカ

● 金運アップ時期　9～11月　● 財布を購入すると良い時期　10月　● 宝くじ当たる可能性がある時期　1月　● 金運アップ時期　2017～2019年　● 財布を購入すると良い時期　2018年　● 宝くじ当たる可能性がある時期　2021年

地味な仕事をしている間はお金との縁が薄いあなたです。華やかで派手な仕事を始めて、人を紹介し合ったりすると金運が開けます。サービス業など人とドンドン関わるビジネスで成功します。「仕事を遊び」だと思って取り組むと稼げますが、出費も増えてしまいそう。

金のカメレオン

● 金運アップ時期　10～12月　● 財布を購入すると良い時期　11月　● 宝くじ当たる可能性がある時期　2月　● 金運アップ時期　2018～2020年　● 財布を購入すると良い時期　2019年　● 宝くじ当たる可能性がある時期　2022年

手に職をつけて着実にお金を稼ぐことが良いタイプ。若いときの苦労が報われる星があるので、簡単にお金を稼ごうなどといった甘い考えは捨て、まずは勉強して資格を取得することが大切。大金持ちや投資で成功した人のアドバイスを素直に聞くと大成功する場合もあるでしょう。

銀のカメレオン

● 金運アップ時期　1月、11月、12月　● 財布を購入すると良い時期　12月　● 宝くじ当たる可能性がある時期　3月　● 金運アップ時期　2019～2021年　● 財布を購入すると良い時期　2020年　● 宝くじ当たる可能性がある時期　2023年

安定した金運なので一発逆転などは少ないタイプ。実力がそのまま金運に跳ね返ってくる人なので、地道な努力や技術、国家資格を取って着実な人生を歩むか、大きな企業に入るとよいでしょう。男女とも、結婚後に大金持ちになる場合もあるでしょう。

金の時計

●金運アップ時期　1月､2月､12月　●財布を購入すると良い時期　1月　●宝くじ当たる可能性がある時期　4月　●金運アップ時期　2020～2022年　●財布を購入すると良い時期　2021年　●宝くじ当たる可能性がある時期　2024年

ほかの星と比べるとお金への欲は少ないあなたですが、「人のために生きる」ことで金運をアップさせることができるタイプでしょう。人を大切にしたり、人脈や友人関係から自然にお金が集まってしまうことがあるでしょう。得たお金に感謝すれば安泰です。

銀の時計

●金運アップ時期　1～3月　●財布を購入すると良い時期　2月　●宝くじ当たる可能性がある時期　5月　●金運アップ時期　2021～2023年　●財布を購入すると良い時期　2022年　●宝くじ当たる可能性がある時期　2025年

自分の目的が定まらず金運を落としやすいタイプ。とにかく暇をつくらないくらい副業もいろいろしてみたり、自分以外の人のために努力をしたり、働く時間を割くことで金運をアップさせることができるでしょう。スケジュール帳は常にいっぱいにするとよいでしょう。

金の鳳凰

●金運アップ時期　2～4月　●財布を購入すると良い時期　3月　●宝くじ当たる可能性がある時期　6月　●金運アップ時期　2022～2024年　●財布を購入すると良い時期　2023年　●宝くじ当たる可能性がある時期　2026年

頑固で一度決めたことを貫き通すあなたの金運を上げるには、金運アップの年と月に転職をするのが理想。それが無理ならせめて財布を良い時期に購入すると、驚くように金運がアップするでしょう。それ以外は柔軟な発想をもって物事に取り組む姿勢を大切に。

銀の鳳凰

●金運アップ時期　3～5月　●財布を購入すると良い時期　4月　●宝くじ当たる可能性がある時期　7月　●金運アップ時期　2023～2025年　●財布を購入すると良い時期　2024年　●宝くじ当たる可能性がある時期　2027年

地味で目立たないポジションに生き、時間をかけて金運を引き寄せるタイプ。金運アップ時にどれだけ頑張ることができるかで、その後の金運が大きく変化します。財布を購入すると良い時期に、定期預金を始めたり、投資を始めると大金持ちになる場合もあるでしょう。

金のインディアン

●金運アップ時期　4～6月　●財布を購入すると良い時期　5月　●宝くじ当たる可能性がある時期　8月　●金運アップ時期　2024年、2025年　●財布を購入すると良い時期　2025年　●宝くじ当たる可能性がある時期　2016年

情報と流行に強いタイプなので、メディアや広告関係の仕事などスピードのいる仕事に就くと金運をアップさせることができるでしょう。ただ、お金の流れも速いタイプなので、金運アップ時期に金庫を購入したり、貯金を計画的に始めてみてください。

銀のインディアン

●金運アップ時期　5～7月　●財布を購入すると良い時期　6月　●宝くじ当たる可能性がある時期　9月　●金運アップ時期　2025年　●財布を購入すると良い時期　2026年　●宝くじ当たる可能性がある時期　2017年

大金を手に入れるためには、計画的にお金を貯めることと情報を活用できるような仕事に就くことが何より大事。また知り合いの輪を広げることでお金の流れを変えることができるでしょう。財布を購入する時期では、できるだけ貯金をすることも心がけてください。

金の羅針盤

●金運アップ時期　6～8月　●財布を購入すると良い時期　7月　●宝くじ当たる可能性がある時期　10月　●金運アップ時期　2016年　●財布を購入すると良い時期　2027年　●宝くじ当たる可能性がある時期　2018年

着実に働いて地位を築き、お金を儲けるタイプ。面白いアイデアや斬新なアイデアを生み出す能力もあり、芸術や美術などの分野で成功するかも。早い段階から技術や情報を得ておくとよいでしょう。物作りが大金を手にするきっかけになる場合もあります。

銀の羅針盤

●金運アップ時期　7～9月　●財布を購入すると良い時期　8月　●宝くじ当たる可能性がある時期　11月　●金運アップ時期　2016～2017年　●財布を購入すると良い時期　2016年　●宝くじ当たる可能性がある時期　2019年

女性の場合は、突然大金持ちと結婚する可能性がありますが、短気を起こしやすかったり、気分が顔に出る人にはそのチャンスも少ないかも。金運アップの時期に、引っ越しやイメチェンなど環境や外見を変えるのもかなり効果的ですが、地味な積み重ねを大切に。

ゲッターズ飯田

　占い師、タレント、放送作家としてテレビ、ラジオ、雑誌、イベントなど幅広い分野で活躍中。独自の占い「五星三心占い」を発案し、これまで５万人以上を無償で占い、実践から統計を集め分析している。芸能界では口コミで「当たる！」と評判を呼び、圧倒的な支持を得ている。著書に『モンスターハンター モンスター占い』（カプコン）、『ゲッターズ飯田の運の鍛え方』（朝日新聞出版）、『ゲッターズ飯田の五星三心占い 開運ブック 2016年度版 金の鳳凰・銀の鳳凰』（講談社）など。占いサイト「ゲッターズ飯田流」で占い休験もできる。「激運カレンダー」iPhoneアプリは驚くべき高さの的中率を誇り、話題となっている。

※本書は、『ボーダーを着る女は、95%モテない！』、『チョコロネが好きな女は、95%エロい！』（共に小社刊）を再編集したものになります。

決定版！
ゲッターズ飯田のボーダーを着る女は、95%モテない！
人気 No.1 占い師が見抜いた 行動と性格の法則 224

2016 年 2 月 29 日　第 1 刷発行

著　者　ゲッターズ飯田

発行者　石﨑 孟
発行所　株式会社マガジンハウス
〒 104-8003
東京都中央区銀座 3-13-10
書籍編集部　☎ 03-3545-7030
受注センター　☎ 049-275-1811
構成／森 綾
イラスト／五月女ケイ子
デザイン／ ISSHIKI
写真／中島慶子（本文内顔写真）
印刷・製本所　図書印刷株式会社

ISBN978-4-8387-2833-6 C0095